JOUER À L'ÉTÉ

Née à Budapest (Hongrie), Christine Arnothy, tout en faisant de solides études classiques, se passionne dès l'enfance pour la littérature et la langue françaises. C'est ainsi qu'elle vient tout naturellement se fixer en France quand avec ses parents, passant la frontière à pied, elle quitte la Hongrie. Les seuls biens qu'elle emporte avec elle sont, cousus dans son manteau, les feuillets qu'elle a écrits tandis qu'elle vivait la guerre à Budapest. Ces feuillets du temps du siège seront publiés sous le titre *J'ai quinze ans et je ne veux pas mourir.* Le Grand Prix Vérité a couronné ce récit unanimement célébré par la critique, traduit dans le monde entier et devenu livre scolaire dans plusieurs pays. En 1957, paraîtra une suite autobiographique : *Il n'est pas si facile de vivre.*

Christine Arnothy commence alors une brillante carrière d'écrivain français, notamment avec ses romans : *Le Cardinal prisonnier, La Saison des Américains, Le Jardin noir* (Prix des Quatre Jurys), *Aviva, Chiche!, Un type merveilleux, J'aime la vie, Le Bonheur d'une manière ou d'une autre* et avec le recueil de nouvelles *Le Cavalier mongol* (Grand Prix de la Nouvelle de l'Académie française).

Christine Arnothy a également écrit pour le théâtre, ainsi que des œuvres pour la radio et la télévision. Elle a publié un pamphlet sous le titre : *Lettre ouverte aux rois nus.* Son roman *Toutes les chances plus une* paru en septembre 1980 a obtenu le Prix Interallié.

ŒUVRES DE CHRISTINE ARNOTHY

Dans Le Livre de Poche :

J'AI QUINZE ANS ET JE NE VEUX PAS MOURIR *suivi de*
IL N'EST PAS SI FACILE DE VIVRE.
LA SAISON DES AMÉRICAINS.
CHICHE!
LE CAVALIER MONGOL.
J'AIME LA VIE.
LE BONHEUR D'UNE MANIÈRE OU D'UNE AUTRE.
LE CARDINAL PRISONNIER.
UN TYPE MERVEILLEUX.
LE JARDIN NOIR.
TOUTES LES CHANCES PLUS UNE.

CHRISTINE ARNOTHY

Jouer à l'été

JULLIARD

Pour Claude, mon soleil.

Les personnages de ce roman, comme leur nom ou leur caractère, sont purement imaginaires, et leur identité ou leur ressemblance avec tout être réel, vivant ou mort, ne pourrait être qu'une coïncidence insoupçonnée de l'auteur.

I

DEVANT la coiffeuse, elle poursuivait son maquillage. Elle en était aux yeux. Le miroir lui renvoyait aussi l'image de Gabriel. Entouré d'un gros trait de crayon noir, l'œil droit de Liliane s'étira vers la tempe.

L'œil gauche, les cils encore blonds, paraissait ainsi plus petit et semblait vulnérable. Elle avait envie de pleurer de cet œil gauche triste. Pourquoi, malgré sa grande beauté, allait-elle un instant s'imaginer en clown? Fébrile, nerveuse, elle redoutait l'attaque éventuelle de quelques larmes odieuses... Elle n'avait jamais pleuré devant Gabriel... Elle dessinait maintenant les contours de l'œil encore nu. Elle devrait se calfeutrer dans sa gaieté habituelle et se montrer détachée de toute passion. Lentement, malgré elle, Liliane découvrait dans son esprit une petite phrase redoutable; tendue, elle écoutait cette phrase née de sa propre défense; ces mots qu'elle allait prononcer résonnaient en elle comme une musique...

Elle observait Gabriel dans le miroir. Affaissé, il s'ennuyait. Il semblait soudé à son fauteuil.

Quand Gabriel devenait méchant – s'il n'avait pas vingt ans de moins que Liliane, serait-il aussi irritable ? – ses traits se durcissaient; il avançait sa lèvre inférieure et, automatiquement, son menton prenait un air méprisant. Généralement aimable, sous l'influence de ses propres pensées il se transformait. La tête penchée en arrière, le cou tendu, sûre ainsi de la perfection de son profil, Liliane se brossait les cheveux.

Dans ces moments d'attente, Gabriel, tout empli d'une impatience qui se faisait vite haineuse, n'était ni beau ni laid. Au fur et à mesure que le temps passait, il devenait presque quelqu'un d'autre. Devrait-elle lui accorder plus de liberté, répéter peut-être moins souvent le fait indéniable, et connu par tout Paris, qu'elle avait quarante-cinq ans ? Par quels moyens faudrait-il lui donner plus d'argent, sans que ce geste, forcément irritant, le mît en rage ?

Elle humecta ses lèvres, esquissa un tout petit sourire, protestant en elle-même assez violemment contre les premiers signes de souffrance. Souffrir pour Gabriel aurait été inutile et pénible. Humiliant. Elle se repoudra le nez et prononça enfin d'une voix sûre et parfaitement audible :

« Je crois que tu voudrais me tuer... »

Elle observait toujours Gabriel dans le miroir de sa coiffeuse, ce Gabriel parfois si déplaisant et souvent si indispensable. Il était occupé à chercher dans sa poche ses cigarettes. Il en alluma une en disant :

« Nous sommes en retard, dépêche-toi... »

A l'âge de treize ans, Gabriel avait tué un chat et ce crime gratuit l'avait marqué. D'abord, il n'avait voulu que faire peur à l'animal. Il avait posé le chat sur le rebord extérieur de la fenêtre de sa chambre qui se trouvait au sixième étage d'un immeuble cossu. Après une courte réflexion, il avait refermé la fenêtre. A travers le voilage subtil, il avait alors paisiblement observé l'animal. Celui-ci, conscient du danger, s'était plaqué contre la vitre, miaulant désespérément; plus tard, il s'était tu. Il n'avait aucune possibilité de se sauver. La chambre faisait l'angle; il n'y avait aucune autre fenêtre de l'immeuble qu'il aurait pu atteindre. Le visage contre la vitre, Gabriel respirait si précipitamment que son haleine formait de petites bulles rondes de buée. Celles-ci cachaient le chat qui apparaissait par moments; sa tête ronde, dans sa terreur muette, se décomposait en un masque hideux. Gabriel imaginait que la tête du chat allait tomber en morceaux, comme un puzzle. Les yeux de l'animal s'étiraient anormalement vers les tempes minuscules; ses oreilles pointues s'affinaient à vue d'œil, pareilles à de minuscules cornes malicieuses; ses moustaches de vieillard affolé tremblaient, raides et misérables. Sur elles, avant que la nuit tombe, étaient apparues des gouttelettes microscopiques de salive et de sueur mélangées.

Il avait eu envie d'en finir et de faire tomber la bête avant que les autres membres de la famille, dangereux maniaques de la tendresse, la recherchent, la retrouvent, pour la cajoler de nouveau d'une façon grotesque. Le crépuscule avait déjà envahi la rue quand Gabriel avait été chercher un balai à la cuisine. Revenu dans sa chambre, il avait rouvert sa fenêtre, juste assez pour pousser le chat qui, luttant pour sa vie, s'agrippait, se recroquevillait, le dos au-dessus du vide. Il serrait le manche : sa dernière chance. Il plantait ses griffes dans le bois. Plusieurs secousses assez sérieuses avaient été nécessaires pour qu'il le lâche et disparaisse soudain, pareil à un fruit mûr qui se détache de la tige quand on s'acharne sur un arbre.

Gabriel, en regardant Liliane, pensait au chat. Avec douze ans d'écart, l'un et l'autre avaient pris trop de place dans son existence.

Enfant serviable, il avait participé aux recherches. Il avait osé s'aventurer jusqu'à la loge de la concierge pour quémander des renseignements. Il avait esquissé un sourire et dit : « Bonjour, madame. » Cette phrase sonnait encore en lui, pendant qu'il regardait Liliane. « Maman est inquiète, notre chat est parti : ne l'auriez-vous pas vu ? – Non, mon petit... Il ne faut pas s'en faire. Il a dû sortir par l'escalier de service, avait répondu la concierge. Il reviendra : les chats reviennent toujours; ils sont plus fidèles qu'on ne croit. » « En tous les cas, pas celui-ci », avait pensé Gabriel. Et il avait repris l'ascenseur pour remonter au sixième étage.

Dans l'ascenseur, il avait hoché la tête comme pour chasser une sensation désagréable. Il ressentait encore péniblement les étapes de son duel avec le chat. En définitive, il n'aurait pas voulu le pousser. Le chat, consentant, aurait dû de lui-même renoncer à la vie.

Liliane n'aurait pas dû prononcer le mot « tuer ». Elle ne pouvait donc pas vaincre sa détestable habitude de vouloir percer la coquille secrète où se réfugiaient les pensées des autres ? Elle était trop audacieuse, trop subtile dans ses investigations. Fatigante pour autrui à cause de sa réceptivité extrême

– elle captait les ondes, celles qui parcouraient les chemins tortueux de la subconscience –, son esprit de paradoxe, ses mots et ses jeux de mots, son sens aigu des êtres, l'étendue de son expérience la rendaient également redoutable. Souvent, en prononçant le terme exact par lequel se définissait l'état d'âme d'un autre, elle se défendait contre un ennemi qu'elle n'avait que deviné. Elle se livrait souvent ainsi à une sorte de déduction psychologique. Elle n'obéissait, dans ces moments, qu'à ses instincts. Le mot exprimé, elle prenait du recul, s'arrêtait, presque affolée, sur une idée, la dégustait, la contournait, la comprenait. Le mot prononcé par elle-même lui avait fait peur, parfois, après.

« Une plaisanterie idiote, dit-il, un peu las. Te tuer... »

Elle éclata d'un faux rire qui lui allait mal.

« Je suis tuante. Avoue que je suis tuante... Et aussi, je sais trop de choses de toi.

– Quoi ? » dit-il.

Il cachait son inquiétude comme une plaie honteuse. Jusqu'où oserait-elle aller ?

« Je n'ai pas de secrets », souligna-t-il.

Elle se retourna vers Gabriel.

« Tu es un superbe mot croisé dont j'aurais rempli chaque case. »

Que pouvait-elle deviner ? Qu'il aurait souffert d'un changement de situation; qu'il s'était fait prisonnier d'un certain confort qui lui paraissait indispensable; qu'il serait humilié s'il devait se séparer de l'hôtel particulier de Liliane si accueillant le premier jour; qu'il s'était abusivement attaché à sa belle chambre; qu'il aimait glisser ses mains avides sur le montant de la bibliothèque en acajou chargée de livres reliés; qu'il humait l'odeur de poussière qui s'échappait de ces livres anciens? Qu'il avait pris une sournoise habitude de la belle salle de bain en faïence bleue et qu'il ressentait, à chaque instant, la présence du mobilier précieux? Qu'il aimait le contact du marbre veiné de la commode Régence; qu'il sauvegardait, en tous les cas, jalousement, le lourd coffret incrusté de nacre qu'il tenait de Liliane? Il éprouvait presque du respect pour son lit élégant où, enfoui sous la couverture bleue en laine moelleuse, il sombrait si bien dans un profond et apaisant sommeil.

Le coffret lui appartenait depuis sept mois. Ce premier objet somptueux, reçu en cadeau, avait éveillé en lui de violentes envies d'en posséder d'autres.

Lors de leur première nuit, il y avait peut-être un an, quand Liliane, un peu impatiente, l'avait renvoyé de sa chambre, il avait éprouvé une immense gêne.

« Je dors seule, avait-elle dit. Jamais le petit matin ne m'a surprise à deux. »

La robe de chambre de Liliane sur les épaules, il s'était senti ridicule. Il était comme un parent pauvre devant qui on se montre pressé aussitôt le repas fini. Il n'avait pas très bien su s'il lui fallait prendre ses vêtements, ramasser ses chaussures et les porter comme un valet distrait qui aurait oublié le numéro de chambre du client.

« C'est délicat, le réveil, avait continué Liliane. Vers dix heures, chaque jour, j'essaie de me réconcilier avec le monde extérieur. L'instant difficile de la prise de conscience m'appartient. Je m'étire, je bâille. Je surveille, encore dans un demi-sommeil, l'écran invisible sur lequel s'inscrit ma vie, le beau plafond blanc. »

A cette évocation du plafond, il avait levé la tête, comme un imbécile. La robe de chambre avait failli glisser par terre. Il avait dû la retenir assez maladroitement. Plus tard, il réentendait encore les phrases de Liliane :

« Je sonne. Inerte et heureuse, j'attends le thé. Elisabeth, ma « bonne-femme de chambre », l'apporte. Elle est aussi délicate que le serait une garde-malade bien payée. Après, je paresse longuement dans un bain dont l'eau est verte. Mon corps, lui aussi, semble vert. Il faut être vraiment jeune pour se réveiller à deux... Je préfère des amours esthétiques : j'ai toujours épargné, à l'homme du moment, la vision désolante d'une femme qui aurait une mèche dans l'œil, un bâillement peu plaisant sur les lèvres, l'âme et l'haleine de la veille. »

Après leur rencontre physique, plus expérimentale que passionnée, comme une sorte d'excursion polie dans un inconnu provisoire, il avait donc regagné la chambre voisine, bleue et beige. L'odeur et l'atmosphère l'avaient séduit. D'un geste possessif, il avait ôté le couvre-lit en velours, l'avait fait glisser par terre et il s'était couché, nu, dans le lit froid. Allongé sur le ventre, les lèvres à demi ouvertes sur le drap, il s'était endormi.

Cette chambre, avec son petit balcon baroque, ouverte comme un quart de lune sur la Seine, s'était transformée, peu à peu, en un appartement de fonctions. Il était clair qu'il le garderait tant qu'il serait l'amant de Liliane. Il n'avait que des droits temporaires et ne possédait aucun pouvoir sur quiconque. Sa place, mal définie, dans la société pouvait s'écrouler, disparaître... Il aurait suffi de quelques minutes... Le temps d'une rupture.

Seul, le coffret à double fond, tapissé de velours cramoisi, était à lui. Une valise en cuir fatigué, cachée dans un des innombrables placards de Liliane, lui appartenait aussi. C'était tout.

Conscient de son état subordonné, il eût aimé se révolter contre le collier et refuser, quand il le pouvait, la laisse. Sur les parures de lit de Liliane, il avait découvert que les lourds dessins en fil d'or inaltérable représentaient des gerbes de blé symboliques.

Femme de goût, plutôt distinguée, Liliane n'aurait jamais pris Gabriel comme amant sans être poussée dans ce piège par des circonstances complexes. Quand ils s'étaient connus, elle dirigeait un petit théâtre tapissé de velours bordeaux. Elle avait, comme tant d'autres, succombé à la tentation d'un rôle important dans une œuvre médiocre.

« Votre pièce n'est pas bonne », avait-elle dit à l'auteur.

Pour atténuer ce jugement, elle avait posé sa main chaude et distraite sur la main velue de l'intellectuel ému.

Elle avait enchaîné en jouant de sa voix grave :

« J'aime bien pourtant votre héroïne. Il faut bâtir tout un monde autour d'elle... Je vous inspirerai; nous travaillerons ensemble. L'essentiel, je vous l'expliquerai. En écrivant, je le sens, vous tâtonniez, vous cherchiez... A partir de maintenant, tout va être clair. Nous supprimerons les personnages secondaires :

vous dispersez l'intérêt des spectateurs en peuplant la scène de gens inutiles. Le titre est mauvais aussi, très mauvais... Par contre, la silhouette de votre jeune médecin assez bourru me plaît.

– Quel bonheur!... gloussait l'auteur, étourdi. Je l'espérais, j'en étais, par moments, certain : vous deviez aimer ce rôle. »

Elle l'interrompit d'un geste. Elle ne respectait que les orgueilleux aussi remplis d'orgueil qu'elle-même. Les petits vaniteux débutant dans le contentement de soi l'agaçaient.

« Personne ne pouvait prévoir ce que seraient mes réflexions.

– Pourtant, la pièce, je l'ai écrite pour vous. »

Elle hocha la tête et dit :

« Que le Ciel me garde des mensonges d'auteur!... Lequel saura enfin mentir un jour avec grâce? Où est la source de la maladresse congénitale de ceux qui veulent être joués? Ils font des démarches auprès des directrices avec un stupéfiant manque d'imagination; ils utilisent les mêmes compliments éculés. Quand aucune de ces dames ne mord, on précipite l'hameçon vers une vedette dont le nom encouragerait le public... Epargnez-moi donc le « je l'ai écrite pour vous »; je suis trop grande pour l'école élémentaire des boniments. Vous avez une petite chance : j'ai envie de ce rôle. Mais celle qui m'intéresse, la vraie héroïne, il faudrait que j'aille la chercher loin dans votre texte... très loin, derrière les clichés. Je refuse le côté femme-homme qui s'amourache; elle sera plaisante, encore très femme et pas encore tout à fait femme... Vous me suivez? Evidemment, je supprimerai la petite secrétaire, aussi.

– Mais... » dit l'auteur.

Elle le bâillonna d'un geste. Elle continua :

« La passion de votre héroïne pour les recherches atomiques n'est qu'une forme subtile d'une sensualité étouffée.

– Mais... » reprit l'auteur. (Et il avait cette fois un goût de tristesse dans la bouche.)

II

POUR le rôle du jeune médecin, parmi six candidats, elle avait choisi Gabriel. Gabriel ne ressemblait pas à un jeune premier : plutôt râblé, avec des cheveux noirs très courts, à peine plus grand que Liliane, il était propre et d'un aspect assez sévère. Il ressemblait plus à un jeune médecin qu'à un jeune premier. C'était sa chance.

« Provincial ?

– Mes parents m'ont épargné les complexes de Rastignac; je suis né à Neuilly, madame. »

Elle hésita un instant : « Serait-il intelligent ? » se demanda-t-elle.

« Seul à Paris ? »

Il hésita à son tour.

« Pourquoi cette question ? » dit-il enfin.

Elle prit un ton artificiel :

« Simple curiosité. Quand on entre dans le

concubinage d'une création commune, il vaut mieux jouer cartes sur table. »

Gabriel alluma une cigarette. Il avait des mains carrées, aux doigts carrés, et dont les ongles étaient coupés carrés.

« Mon père est mort; ma mère vit seule au Mont-Dore.

– Auvergnat... » prononça-t-elle, un peu déçue.

Elle l'aurait préféré lituanien ou tcherkesse.

« Et pourquoi, fit-elle, pourquoi justement la comédie, le théâtre ?

– Parce que j'aime le théâtre, répondit-il, d'une voix assez froide. Evidemment, si je pouvais réussir au cinéma, ou à la télévision... »

Elle esquissa une grimace :

« Le théâtre, on lui court après faute de mieux, n'est-ce pas ?

– Si je pouvais jouer avec vous, ils me découvriraient; vous êtes si... »

Elle le guettait. Il fallait qu'il réussisse son compliment : un grand mensonge étincelant ou une demi-vérité, n'importe... Qu'il trouve le mot exact.

« Vous êtes unique », dit-il, assez naturellement.

Elle afficha un de ses grands sourires célèbres, le sourire « d'une grande fille toute simple avec qui on est facilement copain ».

Elle engagea Gabriel et l'observa patiemment pendant les répétitions. Elle en avait vaguement parlé à son ami, un industriel mordu de théâtre et ployé sous les habitudes qu'avait créées leur longue liaison. Il entretenait le théâtre et l'hôtel particulier. Sa générosité n'avait guère de limites. Pourtant, dans un moment de lucidité aiguë, Liliane avait tenu à se faire interdire de jeu à Deauville comme à Enghien : elle y avait vraiment trop joué. Peu de temps après, l'industriel avait eu une crise cardiaque; il avait dû renoncer à leur vie mouvementée et, laissant une petite fortune à Liliane, il s'était séparé d'elle.

Les mains de Gabriel étaient fraîches et attirantes. Elle aimait leur contact et aussi l'odeur de soleil sur sa peau. En scène, il se déplaçait silencieusement. Plus soigné qu'élégant, il était, selon Liliane, « pourri de charme ». Il la prenait, à la fin du Deux, d'une manière assez particulière dans ses bras. Il la serra même contre lui, lors de la soirée « des couturières »; d'étonnement, elle en perdit un instant le souffle.

A l'issue de la répétition générale, dans la foule qui déferlait dans leurs loges pour les féliciter, une jeune fille inconnue de Liliane se jeta dans les bras de Gabriel :

« Gabriel, Gabriel, répéta-t-elle en larmes, je t'aime, je t'admire... Tu as joué si bien que je t'ai à peine reconnu. J'en ai presque eu peur... »

Après le souper traditionnel, Liliane ramena chez elle son jeune premier. « Par curiosité », se dit-elle à elle-même.

« Viens boire un verre à la maison. »

La voiture de Gabriel était sale et délabrée. Liliane avait aperçu un filet à provisions oublié sur le siège arrière.

« Conduis la mienne, veux-tu ? »

A l'intérieur de la voiture de Liliane, Gabriel avait été frappé par l'odeur du cuir véritable qui recouvrait les sièges. Le tableau de bord était en acajou.

« Une voiture italienne carrossée spécialement pour moi. Tu l'aimes ?

– Aimer une voiture ? Non.

– Qu'est-ce que tu aimes ? »

Prudent, il démarra lentement. Il réfléchit quelques secondes.

« Etre à l'aise dans ma peau. »

Pensive, elle indiqua l'adresse. Ensuite, elle ajouta :

« A la hauteur du Vert-Galant. »

Le quai était désert.

« Je n'ai pas de garage, dit Liliane. C'est bête, non ? Parfois, je mets ma voiture à coucher dans une station-service; on la lave, on la remet en état. Autrement, elle dort dehors. »

Il regardait l'hôtel particulier.

« Ma femme de chambre est une simple bonne, expliqua-t-elle. Je dis femme de chambre, mais personne n'est dupe. Je dis aussi « ma soubrette » : ça fait cocotte 1900, tu ne trouves pas, « ma soubrette » ? Je t'ennuie...

– Je t'écoute.

– Je suis bavarde... parce que je me sens bien. »

La clef tourna deux fois dans la serrure.

« Une serrure spéciale; la porte est blindée. »

Il était jaloux de la porte en chêne massif. « Tu es trop jaloux, lui avait dit, un jour, sa mère. Tu vas souffrir pendant toute ta vie comme une femme. Pauvre petit jaloux... » Il pouvait, en effet, être jaloux d'une étincelle de bonheur sur un visage inconnu, de l'espoir fugitif qu'un autre aurait ressenti.

Liliane appuya sur la commande invisible de la minuterie et, dans la lumière jaune qui coulait maintenant sur les murs, Gabriel découvrit, étonné, la cage d'escalier en marbre blanc.

« C'est somptueux, constata-t-il, maussade.

– Un peu trop grand pour moi seule. Mais j'ai plus d'une fois risqué de perdre cette maison en une nuit... Je ne joue plus jamais à cause d'elle. Je n'aimerais pas me retrouver un jour sous les ponts. Tu me vois en clocharde ? Plutôt mourir... et parce que j'aime vivre... »

Elle se mit à monter les marches d'un pas léger. Elle jouait admirablement « la femme encore vraiment jeune ».

Se retournant, elle tendit fraternellement la main vers Gabriel.

« Viens. Au deuxième, c'est beau. Les chambres qui s'y trouvent donnent sur la Seine. J'aime ce nid perché... »

Sa chambre était rose et froide.

« Ma salle de bain est rose, aussi. Tu veux la voir ? »

Il frissonna :

« On gèle ici.

– Je dors la fenêtre ouverte. Attends; je vais la fermer. Tu viens voir ? »

Il resta immobile.

« La vue ne t'intéresse pas ? Parfait. »

Elle n'avait pas encore enlevé son manteau de castor blanc.

« La fille qui t'est tombée dans les bras, c'est... »

Elle venait de tirer les rideaux. Elle reprit :

« C'est qui ? Dommage que tu n'aies pas vu, d'ici, les lumières de la Seine... Tu ne veux pas répondre ? »

Elle alluma une lampe chinoise en porcelaine épaisse, alourdie de décors fantastiques. En tournant le commutateur, elle mit en marche un invisible chauffage électrique.

« Il fait un peu de bruit, mais on s'y habitue. Moi, je ne l'entends plus. Un whisky? J'ai tout un choix de boissons. Tu es dans ma forteresse. Ici, j'ai tout. Les secrets et les faiblesses de ta directrice s'y trouvent; c'est là que je me cache; je m'y sens en sécurité... Un jus d'orange ou quoi ? Muet... Tu es muet... Tu ne t'assois pas ? »

Il prit place au bord d'un fauteuil ancien recouvert de velours rose.

« Si... quand même. Ton manteau, tu ne l'enlèves pas ? Un jus d'orange, ou une vodka, ou quoi ? »

Il jouait au grand timide un peu désemparé. Il fallait gagner du temps. Cette attitude avait déjà séduit Liliane quand elle l'avait engagé. Avec elle, il savait déjà que le jeu serait toujours subtil.

« Un jus d'orange, si cela ne te dérange pas.

– Mon Dieu, qu'il est poli ! » s'exclama-t-elle.

Elle laissa enfin tomber son manteau sur le canapé. Elle revint vers une commode.

« Où est l'ouvre-boîtes ? Le voilà... »

Elle fredonnait :

« L'ouvre-boîtes... l'invisible... l'insaisissable... le voilà... »

Elle s'affairait autour d'un petit bar caché dans l'intérieur de la commode ancienne.

« Tu vois, on dirait que c'est un tiroir. Eh bien, non, c'est une petite porte à double battant. Tu es amoureux de la fille qui pleurait ? »

Elle vint vers lui avec un jus d'orange.

« Un peu de glace ?

– Non, merci », dit-il.

Que voulait Liliane ? Sous son maquillage, elle semblait pâle.

« Tu vas l'épouser ?

– Je n'ai pas un rond... l'esprit de famille non plus... Une camarade, quoi... »

Liliane s'assit et appuya sa tête contre le dossier de la belle bergère Louis XV. Elle ferma les yeux.

« Elle le sait ?

– Quoi ?

– Qu'elle n'est qu'une camarade. »

Il haussa les épaules.

« Mais oui... »

Ayant senti le geste de Gabriel, elle ouvrit les yeux.

« Tu hausses les épaules quand tu mens ?

– Ça dépend un peu du mensonge, dit-il. Je devrais me déshabituer de ce tic. Depuis l'âge de dix-sept ans, je hausse les épaules. »

Elle sourit et lui dit :

« Tu mens depuis l'âge de dix-sept ans ? »

Il était là, avec son manteau maladroitement ouvert, comme un médecin paisible qui aurait attendu qu'on lui montrât enfin le malade. Quand pourrait-il sortir de ce rôle ? Il commençait à en avoir assez.

« Tu habites avec elle ?

– Dans son studio... On partage les frais : je paie le gaz, l'électricité, la taxe de la télévision, l'essence...

– Et la voiture ?

– A elle. Avec l'argent qu'elle reçoit de ses parents, elle couvre le reste des dépenses.

– Tu l'aimes ? »

Il se leva, fit quelques pas, déposa son verre sur un petit guéridon dont le marbre était aussi rose que le velours des sièges.

« J'aime le cinéma...

– Tu es mieux quand tu mens. Franc, tu n'es pas très encourageant. Le cinéma... le dieu... Et ces dames peuvent partir en vacances... Rien ni personne ne compte à côté du cinéma. »

Elle marqua un temps d'arrêt et comme pour se venger :

« Tu n'étais pas très bon, ce soir. »

Il esquissa un mince sourire et se mit presque à bredouiller avec une vraie nervosité.

« Si elle touchait au rôle, si elle le remplaçait

par un autre comédien? Elle en était capable. »

« Le trac, tu comprends... le désir de bien faire. La timidité, aussi. Tu m'intimides.

– Ah! » fit-elle, distraite.

Elle bâilla. Elle ajouta :

« Je me méfie des timides, ce sont souvent des agressifs qui s'ignorent. Tu n'enlèves vraiment pas ton manteau? »

Il n'en avait plus envie. L'interrogatoire avait duré trop longtemps.

« Bien. Alors, il vaudrait peut-être mieux que tu t'en ailles. Je dois redescendre fermer la porte, en bas. Ce soir, c'est rare, je suis seule dans la maison. »

Elle bâilla encore.

« On n'imagine jamais que je puisse être fatiguée. Pourtant... J'y pense, Gabriel, tu pourrais fermer en bas; tu fermerais la porte de l'extérieur et, après, tu remettrais la clef dans la boîte à lettres. Ce n'est pas compliqué. Tu veux bien? Je n'ai plus envie de bouger... J'aimerais me coucher tout de suite. Merci... Voilà... A demain, Gabriel. »

Il se retrouva sur le palier.

« N'oublie pas la clef, s'il te plaît. Sinon, je devrais sortir, demain, par une des fenêtres du rez-de-chaussée. »

Elle lui tendit la joue; il l'embrassa. Elle se moqua de lui :

« Les Chinois, eux, ils se frottent le nez. Rien ne remplace les merveilleux baisers qui te recouvrent et qui semblent durer une éternité. C'est vrai, tu sais... Mais quand je te dis ça, à toi, je plaisante... »

Sur le palier, elle fit marcher la minuterie.

« Voilà; cela va s'éteindre tout seul. Va...

— Merci, dit-il, désorienté. Tu n'as besoin de rien ?

— De quoi ?

— Je ne sais pas », dit-il.

Il partait à regret.

« Je croyais que...

— Que ?

— Je ne sais pas. »

Il se mit à rire, gêné.

« Je croyais... »

Elle le regarda :

« Si tu te mets à croire... Méfie-toi : quand on n'a pas l'habitude, l'imagination est néfaste. A demain.

— A demain. »

Elle referma délicatement la porte de sa chambre. Et, lasse, elle commença à se déshabiller, déposant un bas ici, l'autre là. Elle laissa tomber son slip et envoya en boule, sur un fauteuil, le soutien-gorge. Peu frileuse, vivant sans voisins, elle se promenait nue volontiers.

« Gabriel aimait-il la petite brune en larmes ? » Liliane ne supportait guère autour d'elle, que les gens disponibles. Le fait que Gabriel pouvait être lié sentimentalement l'agaçait. Elle ne se sentait à son aise qu'entourée d'esclaves et, si elle méprisait les valets faussement sentimentaux, elle éprouvait, pourtant, le besoin d'en avoir sans cesse autour d'elle. Des admirateurs professionnels, des faiseurs de compliments, des fantaisistes galants, des escrocs charmants défilaient dans les couloirs du théâtre. Il fallait à tout prix qu'on l'aime et elle ne se lassait pas de l'entendre.

Ennuyée, un peu honteuse, elle dut s'avouer qu'elle désirait Gabriel. Elle se regarda attentivement : le masque cireux de la fatigue sur son visage s'adoucit dans le reflet rose du miroir. Rageusement, elle rejeta l'idée d'un amant plus jeune. « Même pas à cinquante-cinq ou soixante ans... je m'écœurerais... Je jure, répéta-t-elle dans la glace rose, je jure de ne jamais ressembler aux affreuses « à la recherche de... »

Plutôt jouer, ou boire, ou se suicider, mais ne pas s'humilier.

Elle avait fait teindre quelques mèches blanches qui avaient osé apparaître dans ses cheveux blonds. Le charme de ses yeux gris-vert, l'enchantement de ses grands rires féroces de fauve joyeux faisaient partie des légendes parisiennes. Avec ses grandes dents de carnassier et sa petite langue impertinente, elle unissait les qualités d'un fauve et les défauts d'un ange : pattes et ailes s'alliaient dans le même geste.

III

DANS le hall de marbre blanc, en bas, Gabriel attendait. Il espérait vaguement un appel qui aurait pu être celui-ci :

« Es-tu là encore ? Je voulais simplement te dire... Si tu remontais un instant... »

Le passage sur le quai d'une voiture tardive remua le silence.

Il aurait dû se diriger vers la porte, exécuter les ordres reçus.

Ce soir, Liliane lui était apparue détendue et amicale. Serait-elle le tremplin indispensable, pourrait-elle se dégager d'elle-même, de son propre égoïsme, et devenir, en quelque sorte, la chance d'un autre, celle de Gabriel ? De mémoire d'acteur – on le disait dans Paris – elle n'avait jamais aidé à lancer personne. Elle tirait tout à elle, lors des générales. Elle rendait les autres en scène si visiblement anodins par sa propre présence que les critiques n'avaient d'encre que pour elle.

Gabriel aurait aimé voir son propre visage, agrandi, sur des affiches. Il rêvait d'autographes qu'il aurait distribués avec une patience complaisante. Il aurait des photos sur lui, qu'il signerait avec un plaisir rare. Cette fois, lorsqu'allaient paraître des articles, il redoutait la paresse mentale des critiques qui, comme d'habitude, ne parleraient que des exploits scéniques de Liliane.

Comme le claquement lointain d'une arme à feu, un déclic le fit sursauter. Il se trouva dans le noir. Il se dirigea alors en tâtonnant vers la porte d'entrée. Dehors, assez triste, ayant tiré la lourde porte derrière lui, il poussa un soupir. Il joua avec la clef. Ne fallait-il pas remonter quand même et risquer d'être renvoyé comme un télégraphiste importun ?

Il se mit à siffloter. « Et si j'oubliais la clef dans ma poche ? Je la garderais. Une copie précise que je ferais faire me permettrait de revenir un de ces jours, subrepticement... »

Redoutable et maligne, sans avoir jamais pu choisir l'attitude vraie qui lui convenait, affublée d'une effervescence mi-naturelle et mi-jouée, Liliane n'était pas une femme à surprendre. Gabriel jouait avec la clef et imaginait le corps bien musclé de Liliane, sa taille fine, ses cuisses élégantes que n'alourdissait aucun vêtement. Ses beaux cheveux, s'ils avaient été assez longs, auraient pu, en nattes blondes, tomber jusqu'aux hanches sans qu'elle soit ridicule. On la savait d'origine étrangère...

L'amie de Gabriel, une petite Parisienne aux larmes faciles, faisait l'amour, chantait, pleurait et criait comme un oiseau. Elle était plus oiseau que femme. Elle ne représentait peut-être qu'une étape entre la chambre de bonne et un hôtel particulier tel que celui de Liliane. Elle s'appelait Yvette. Elle l'aurait préféré clerc de notaire, ou employé du gaz, ou même cobaye dans une fusée, mais pas acteur. Paisiblement jalouse, attachante et primitive, elle rêvait de voir la semaine sainte à Séville. « Il faudrait y aller un jour... quand nous serons mariés... »

Etait-ce utile de s'aventurer dans les délicats labyrinthes d'une autre liaison ? Aurait-il assez d'aisance pour se mouvoir sur ce nouveau terrain semé de pièges ? Serait-il enfin assez patient pour tenter, lui aussi, comme tant d'autres de son âge et uniquement pour sa carrière, « l'expérience » ?

Il ne perdrait pas plus son temps qu'avec Yvette, et si la chance le voulait...

Son tempérament était le contraire de celui d'un homme entretenu et rien n'était, en lui, d'un esclave. D'une manière assez brutale, selon l'occasion, il aurait su dominer quiconque. Chef d'entreprise, il aurait eu une vie admirablement organisée. Calculateur et froid, intelligent aussi, connaissant à fond ses propres défauts, il craignait pourtant son goût démesuré du luxe. Se déciderait-il, ce soir, à revenir vers la comédienne ? Quelle attitude dans ce cas devrait-il prendre ? Apparemment maladroit, intimidé, charmeur, joyeusement séducteur ? Allait-il essayer ? Sinon, l'occasion manquée, il la regretterait jusqu'à la fin de sa vie.

Lentement, il revint vers la maison. Pour se mettre en condition, il entama silencieusement un petit discours qui lui parut pouvoir être efficace. Dans la serrure accueillante, la clef, docile, tourna deux fois. Il se retrouva dans l'obscurité. Il chercha, en tâtonnant, le bouton de la minuterie; perdu dans le noir épais, les mains tendues, il avança. Il se heurta aux premières marches. Il monta d'un pas souple. Au premier étage, il s'arrêta. Il crut entendre *Moon Light*, une vieille chanson de Sinatra que fredonnait peut-être Liliane. Persuadé maintenant qu'elle espérait sa venue, il se félicita de sa décision. Il se mit à siffloter le même air. Quand il s'immobilisa devant la porte de Liliane, celle-ci se tut. Alors, il prononça à mi-voix :

« Je puis entrer ?

– Mais oui », dit-elle.

Il entra et se trouva désorienté. Il avait imaginé une femme vêtue d'un déshabillé de cinéma, orné de plumes de cygne; il apercevait une grande blonde dans un pyjama fermé jusqu'au dernier bouton.

« Tu as changé d'avis ? »

Il faillit hausser les épaules, mais, conscient de son tic gênant, se domina.

« Non, dit-il, je n'ai pas eu à changer d'avis; je n'en avais pas. Je suis parti sans aucune idée préconçue... vide... j'étais vide de pensée. En bas, j'ai compris que je me conduisais comme un imbécile. Je présumais que bien peu hésiteraient à ma place. Je n'ai fait que tenter ma chance... pour ne pas avoir l'air plus idiot qu'un autre. »

Elle se mit à sourire.

« Bravo ! La sincérité avant tout ! Même les grands menteurs chroniques reconnaissent que la franchise, par moments, fait gagner du temps. Que faisons-nous de la petite amie ? Tu l'appelles ? »

Incontestablement, il aurait préféré prévenir Yvette : elle méritait d'être épargnée. Pourtant dès maintenant, il fallait qu'il se montrât indépendant et dur.

« Elle va pleurer... c'était prévu... Plus tard, elle se consolera. »

Avec ce « plus tard », il se consolidait déjà dans une future situation, il tentait de faire comprendre que, s'il était revenu, c'est qu'il désirait un changement dans son existence.

Liliane le regarda, amusée.

« Plus tard?... Je ne te parle que de l'instant présent. Tu sais qu'on en est à la tendresse avec les petites amies : on se dit tout, gentiment, c'est la mode... On est copain-copain et tout à fait franc avant de s'entretuer... Je veux dire, moralement... Téléphone. Autrement, elle va s'imaginer que tu as eu un accident. Elle a beau être romantique, elle te fera rechercher quand même par la police. Si ça t'amuse... »

Il dut téléphoner devant elle, indiquer l'emplacement de la voiture, entendre pleurer Yvette, et mentir mal.

« Je n'ai pas pu prévoir... Ne pleure pas... Oui... à Dreux... chez un ami... Non... pas tout le monde... Non, penses-tu... Liliane Berg! Elle doit être chez elle. »

IV

Lorsqu'il fut installé dans sa nouvelle vie, peu à peu, Gabriel se mit à haïr les souvenirs d'enfance de Liliane. Celle-ci, volubile, pittoresque ou cloîtrée derrière de longs regards voilés, selon le moment, lui parlait d'un monde étrange, d'une Atlantide d'Europe centrale.

« J'ai vécu comme une princesse, tu sais... Dans une grande maison blanche. On l'aurait facilement appelée château, en France; là-bas, ce n'était qu'une gentilhommière. Je régnais sur une foule d'esclaves sans visage. J'aimais être le centre brûlant de la vie. Attachante et fragile comme une fleur précieuse – c'est ainsi qu'on m'appelait – je poussais sous un soleil éclatant. Connais-tu les plantes aux feuilles épaisses, gonflées de sève, ces plantes un peu exotiques qui ne font naître qu'une fleur dans leur vie de plante, une seule?

J'étais la seule enfant de mes parents, la seule fleur issue de branches fatiguées... »

Sans ses défroques pseudo-magiques, ses confidences imagées à mourir, coloriées à l'extrême, éclatantes de détails dont beaucoup lui paraissaient peu vraisemblables, Gabriel aurait pu, peut-être, émouvoir Liliane ou l'apprivoiser. Mais, quand elle partait vers l'évocation de ce monde d'autrefois, une sorte de magie émanait d'elle. Elle devenait comme illuminée, invulnérable, et sa connaissance des êtres, croyait-il, avait peut-être ses sources profondes dans ce passé dont elle faisait revivre des épisodes.

« Mes parents, issus de générations de grands propriétaires terriens, avaient abandonné la Hongrie après la guerre de 1914-1918, lui avait-elle ainsi raconté. Ayant vendu tout ce qui leur restait, ils s'étaient installés, en 1928, en France. Ils avaient alors acheté de précieux hectares autour de Paris. Ces mystiques de la terre avaient abandonné la poussière millénaire hongroise pour retrouver un autre sol. Si tu savais ce que j'ai pu perdre au jeu de mètres carrés hors de prix ! J'imaginais même être la victime d'une malédiction. Malade du jeu, je jouais comme on est hémophile. Le contact d'un seul jeton me rendait folle de passion. Souvent, j'oubliais complètement la notion du temps. Dans ces périodes, jours et nuits se confondaient en une hallucination brillante. En perdant l'héritage de mes parents, je faisais saigner des souvenirs; l'aube me trouvait exsangue. Je sortais livide, titubante, des casinos, et les hommes qui m'accompagnaient à l'époque, tremblants à l'idée qu'un jour je pourrais vouloir entamer leur fortune à eux aussi, me quittaient souvent terrorisés, le matin même.

« C'est lors d'un de ces matins blêmes – j'avais perdu, cette nuit-là, vingt-deux millions – que, en sortant du casino, je crois que j'ai vu le diable. Elancé, élégant, se couvrant d'une immense cape noire, il avait l'aspect d'un jeune homme poli. Attirée par lui, il m'avait semblé découvrir un lien de parenté indéniable entre nous. Comme un frère qui vous entraîne vers l'inceste ou vers le suicide, il avait choisi pour me torturer les salons particuliers de l'enfer que sont les salles de jeu. Je suis persuadée que son vrai but était de me pousser au suicide. Il aurait désiré ardemment que je me tue, ruinée, au lever du soleil. Juste au moment où le soleil apparaît, rouge et robuste, à l'horizon, au cours de ces instants fragiles où la nuit est encore là et où la lumière entreprend la conquête du ciel... A un moment donné, le jour et la nuit se heurtent. J'aurais dû mourir en cette minute de l'éclatement de la nuit. J'avais même acheté un beau petit revolver; je l'ai encore. Il ressemble à un bijou; la poignée est incrustée de nacre. Chez l'armurier, je le voyais bien, le diable ! Il pouffait de rire; il ressemblait à une immense chauve-souris... à une chauve-souris heureuse.

« C'est comme cela qu'il m'a dégoûtée de l'idée de suicide. J'imaginais que je le verrais rire dans l'éternité. J'aurais été livrée à la vision d'un rire éternel. J'aurais préféré quelques anges anodins ou, tout simplement, la vie. »

Pour lutter contre ces obscures histoires qui le submergeaient désagréablement, Gabriel avait dû interrompre Liliane.

« Et la Hongrie ? avait-il questionné, aussi désabusé qu'un voyageur fatigué qui demande au guichet l'heure de départ d'un train.

– La Hongrie et moi, avait-elle répondu, nous sommes perdues l'une pour l'autre. Cette affaire du passé est close. N'oublie pas qu'à sept ans, j'étais déjà une petite bourgeoise de Passy. »

Sans transition, Gabriel avait alors demandé :

« Je l'aurai ?

– Quoi ?

– Le rôle dans le film de Mira.

– Je l'espère, avait-elle dit. Récemment, je

lui ai rendu un service important; il est régulier, il renverra l'ascenseur. »

Il avait obtenu le rôle, mais, hélas! il s'agissait de jouer, pendant trois quarts d'heure, un espion venant de l'Est qui, pour ne pas être trahi par son accent, devait se taire tenacement.

« Ne t'en fais pas, l'avait consolé Mira en transpirant derrière la caméra, justement parce que tu ne parles pas, ils se souviendront mieux de ton visage... Dans mon prochain film, mon vieux, si tu veux, je te donnerai des discours à faire! Dis donc, si on cassait la croûte ensemble? Je couve un projet : j'aimerais faire un film autour d'un rôle... un rôle à se mettre à genoux... Une sorte de James Bond français à la dérive. Ne crois-tu pas que Liliane pourrait s'intéresser à la production? Elle a de l'argent; elle est économe depuis quelque temps. Elle devrait aimer mon principe : petit budget, grand succès. Il paraît qu'elle est folle de toi, non? Vraiment, elle est bien, encore... Tu sais, elle est étonnamment bien. J'étais à la communale quand elle a eu son premier succès. A l'écran, elle ferait un peu démodé... Il y a dieu sait quoi en elle... Enfin, je ne sais pas pourquoi, elle est finie pour le cinéma. Par contre, toi, mon vieux, tu as la gueule qu'il nous faut à l'écran. Tu devrais jouer le rôle principal du film qu'elle financerait pour te faire plaisir... »

Ecœuré, muet, haineux, sous un fond de teint jaune, il avait continué d'obéir aux ordres stupides de Mira. Le film était sorti dans des salles secondaires et n'avait pas eu une ligne de critique.

Quelquefois, on les photographiait ensemble, Liliane et lui. Un jour, il éprouva un choc grave, pire qu'un coup de poing au creux de l'estomac. De colère, la bouche bilieuse, il avait failli en avoir la jaunisse.

Contrairement à ses habitudes, un peu par dérision, il avait accompagné Liliane chez son coiffeur. Il avait perçu une demi-phrase, étouffée dans un petit rire : « Tu as vu le minet de Mme Berg ? » Il avait fait semblant de n'avoir rien entendu. Il s'était retourné comme par hasard; quelques jeunes femmes, vêtues de rose, s'étaient éloignées avec l'allure d'oiseaux qui s'envolent. Assis sur les genoux de sa vieille maîtresse, un chien grotesque, aux yeux collés par une consommation éhontée de sucre, remuait les oreilles, gêné par l'air chaud qui le taquinait. La femme, sous le séchoir, dodelinait de la tête; elle sommeillait. Une manucure se pencha sur une main molle. Est-ce que la manucure venait d'étouffer un rire elle aussi ?

« Nous coupons, madame Berg ? » demanda le coiffeur au visage nu de Liliane reflété dans la glace.

Avec ses cheveux mouillés, raides sur les épaules, elle paraissait jeune.

Le coiffeur se retourna vers Gabriel :

« Je coupe ou je ne coupe pas ?

– En quoi cela me regarde ? s'exclama-t-il, furieux.

– C'est bien vrai, dit Liliane. Cela ne te regarde pas. »

Son visage se figea derrière un large sourire. Elle s'étira dans son petit fauteuil et son regard chercha celui du coiffeur.

« Alors ? »

Le coiffeur, branché sans relâche sur les longueurs d'ondes ultra-sensibles de ses clientes célèbres, avait capté le message.

« Moi, je n'y toucherais pas, proclama-t-il, avec le sérieux d'un médecin en consultation.

– Les hommes qui m'ont aimée m'ont toujours préférée avec des cheveux assez longs, dit-elle.

– Je t'attendrai en bas », lança Gabriel.

Il se retrouva dans la voiture. Il se lança sur le siège du conducteur, tremblant de colère, et il alluma une cigarette. Fou de rage, il se mordillait les lèvres. Il fallait sortir de la cage à n'importe quel prix.

Il avait essayé de décrocher un rôle important à la télévision. Mais, au dernier moment, le réalisateur l'avait refusé; il avait arrêté son choix sur un autre comédien. Gabriel avait su plus tard que ce réalisateur était un des ennemis de Liliane.

Une fille qui passait à côté de la voiture lui envoya un sourire. « Elle croit que la voiture m'appartient... La gourde! » Il ne rendit pas le sourire; c'était inutile.

V

OBSÉDÉ par la fortune de Liliane – n'avait-elle pas parlé, il y a quelques jours, de sa maison de Montfort-l'Amaury? – Gabriel se sentait poussé à bout. Il aurait voulu conquérir le monde et, en attendant, il était livré aux grâces pénibles des petites générosités de Liliane, tandis qu'elle-même bénéficiait – aux yeux de Gabriel, injustement – d'un bien-être matériel considérable, d'une réussite savamment échafaudée que rien – en dehors du jeu! – n'aurait pu mettre en péril.

Liliane, passionnée, par moments, ou distraite ou bien hautaine, de temps en temps aimablement petite-bourgeoise, n'avait-elle pas compté ses draps et ses serviettes somptueuses l'autre dimanche? Elle avait été jusqu'à marquer le résultat de son travail, avec de minuscules chiffres, dans un petit carnet qui portait l'inscription « linge de maison ».

Cette Liliane, qui cachait ou couvait en elle une multitude d'autres Liliane, avait réellement pu tracer un cercle autour d'elle, comme si elle avait déterminé tout exprès les frontières invisibles qui devaient la séparer de Gabriel. Ou bien voulait-elle simplement se protéger ?

Pourquoi n'avait-elle jamais succombé, comme tant d'autres, peut-être toutes, à la tentation du bavardage après l'amour ?... Si on pouvait appeler amour ces collusions brutales entre eux, où ils se heurtaient l'un contre l'autre comme des lutteurs pour qui, chaque fois, la gloire de l'un aurait dû forcément provoquer la mort de l'autre ?

« Cette maison à Montfort-l'Amaury ?

– Oui ?

– Tu ne m'en as jamais parlé...

– Je ne parle pas de mes anciens amants non plus. Tu aimerais me voir en femme bavarde ? Quelle horreur !... Je tiens à mon mystère, à l'obligatoire camouflage féminin... Je ne raconte que mes rêves. »

Elle se mit à rire.

« J'aimerais rire aussi », dit-il.

Elle le regarda et dit :

« J'ai des idées bizarres... Je nous voyais soldats sur le champ d'amour... recouverts de feuilles de mensonge... en vêtements couleur de terre, avançant l'un vers l'autre, prêts à jeter une grenade, mais seulement lacrymogène...

– Je nous verrais plutôt nous promenant la main dans la main sur les quais.

– Pauvre petit produit de 1900! s'exclama-t-elle. Tu n'as pas encore compris qu'il y a vingt ans de différence entre nous?

– Non.

– Moi si. Alors, pour les quais, ce serait plutôt quelqu'un d'autre. Evidemment, je parle de toi. Pourtant, dans quelques années, les amoureux se promèneront avec des masques à gaz dans Paris...

– Des masques à gaz?

– Mais oui. Le pot d'échappement des voitures, ça ne te dit rien? La mort par asphyxie. Nous allons tous mourir les poumons pourris...

– Tu pourrais vivre à Montfort.

– Je vends... J'y suis allée si peu... C'était un placement; pas le paradis.

– Tu aimes l'argent, dit-il, rancunier.

– Ah! que non!... C'est l'argent qui m'aime. J'ai toujours été entourée d'hommes riches. Ils me donnaient au petit déjeuner ce que je perdais le soir au casino. Une fois, j'ai trouvé un chèque plié dans une serviette sous mes toasts... un chèque tiède. C'est drôle, non?

– Tu l'as mangé?

— Sale petite brute, dit-elle d'une voix très douce. Tu vois comme tu décourages les confidences.

— Pourtant, je suis curieux, reprit-il. Pourquoi ne t'es-tu jamais mariée ? »

Elle fit une grimace.

« Oh ! tu veux parler du marquis ?

— Duquel ?

— Du mien. J'ai été marquise pendant un an. Le pauvre marquis, il avait si peu d'intérêt que, même quand il était près de moi, je l'oubliais. Personne ne l'a pris au sérieux. C'était un zéro... Mais un zéro distingué. Il était riche aussi... Que veux-tu ? C'est ainsi, je n'y peux rien.

— Donc, je suis ton premier amour romantique, fit-il.

— Pauvre chéri ! s'exclama-t-elle. Mais qu'est-ce qu'il va donc s'imaginer, ce pauvre chéri ? Tu n'as pas encore compris que j'ai toujours été riche ? Je n'ai jamais été une femme entretenue... Je ne me suis pas défendue, bien sûr, contre les cadeaux; je ne suis pas vicieuse à ce point, non...

— Alors, pourquoi suis-je là ? » interrogea Gabriel.

Et il pensa, avec une très grande lassitude : « Si elle avait la gentillesse de crever toute seule, comme une grande... »

« Parce que tu n'as pas d'amour-propre »,

dit-elle soudain, heureuse d'avoir pu être aussi méchante.

Elle n'avait jamais essayé encore de l'odieux. Cette phrase était, en quelque sorte, un baptême du feu.

« Personne n'en a trop dans ce métier, fit-il. Epouser la grosse galette, être entretenu par beau-papa, ce n'est pas mieux. Le maquereau, lui, au moins, il est libre.

– En es-tu sûr ? demanda-t-elle.

– Emmène-moi à Monte-Carlo, la supplia-t-il. J'en rêve... »

Liliane préférait Gabriel brutal, affublé d'une fausse franchise. Gabriel servile devenait inquiétant, presque suspect.

« Pourquoi Monte-Carlo ? »

Liliane n'aimait pas les quémandeurs. Ayant vu le monde entier, elle avait trouvé toujours ridicules ceux qui rêvaient d'une ville ou d'un pays inconnu. « Il suffit de prendre un billet d'avion et le problème est réglé. »

« Si tu rêvais des Bahamas, lança-t-elle, je le comprendrais, mais Monte-Carlo, quand même... Tu n'as jamais été sur la Côte ?

– Si, avec un copain... à Saint-Tropez... On se faisait bronzer sur la plage. Il était trop flemmard pour circuler.

– Et toi ? Seul... tu aurais pu aller voir Monte-Carlo.

– Il y avait une fille, elle ne voulait pas bouger non plus.

– Une fille pour vous deux ? »

Il perçut la jalousie et la curiosité un peu morbide de Liliane.

« On s'arrangeait... Pour elle, c'était égal et, pour nous, plus économique. Un de nous, soi-disant, faisait du camping; l'autre avait la chambre et la fille. Mais, parce que je détestais le camping, je passais les nuits avec eux.

– Par terre... dans un sac de couchage, peut-être... »

Il se mit à sourire et l'attira vers lui.

« Tu voudrais tout savoir... Imagine donc deux garçons et une fille : vingt ans chacun; la peau brunie comme du cuivre; on sent le soleil; on se nourrit de salades niçoises et de rosé. Les scrupules sont restés dans une valise à la consigne d'une gare déjà oubliée. Alors, tout cela éclate, tu comprends... A la fin, on ne sait pas très bien qui est qui... on est en vrac... On revient du délire et on se met à rire et à bouffer... des saucissons entiers... montés clandestinement jusque dans la chambre. Un jour, chacun de nous a même mangé un camembert entier; il n'y avait rien d'autre... Avec sa boîte vide devant elle, la fille s'était mise à rire. On mangeait torse nu... Alors, on voyait sa poitrine se secouer, ses seins qui tremblaient de rire... Imagine le reste... On n'avait pas le temps d'aller à Monte-Carlo. J'ai toujours été très sensible aux seins... C'étaient de belles vacances... On est revenus maigres, la peau noire... C'était marrant... Encore dans la voiture... Il fallait se dire au revoir. L'autre conduisait... Chacun son tour... La fille était vraiment chic... Elle aimait l'amour... toujours et n'importe où... Tu sais, à vingt ans...

– Comme tu avais raison, dit Liliane, à qui pourtant le récit était insupportable. Tu as bien profité de ta première jeunesse. A ta place, je recommencerais cet été. A quoi bon avoir des nostalgies ? Parce que nous nous séparerons, en tous les cas, après le festival de Cannes. Surtout, n'hésite pas : prépare tes jolies vacances. Ce dont on rêve arrive toujours... d'une façon ou d'une autre... »

Gabriel, lancé encore dans son histoire, ressentit dans ses narines les parfums de l'été. Comme une vague, montait en lui l'arôme de l'huile solaire, le goût de la cigarette sur la terrasse de Sénéquier, l'odeur de la peau d'une fille qui passait, l'ivresse de la folie qui avait régné dans la petite chambre.

« Et il ne fallait pas faire de bruit; il y avait des voisins ! ajouta-t-il.

– Où ?

– Mais à Saint-Tropez. »

Liliane ne l'avait jamais vu aussi radieux. Elle découvrait un Gabriel inconnu.

« Vous les avez invités aussi? demanda-t-elle.

– Non. Mais pour qu'ils ne se mettent pas à taper sur la cloison, il fallait faire gaffe! Nicole se mettait souvent un oreiller sur la tête... allongée... elle était nue avec l'oreiller sur le visage... Nous nous tordions de rire.

– Elle s'appelait Nicole?

– Ou quelque chose dans ce style-là. Un jour, on a ri tellement que nous avons dû nous enfouir sous les couvertures... Merveilleux... c'était merveilleux... De vraies vacances!

– Tu étais un brave petit gars simple. Qui t'a corrompu? »

Il alluma une cigarette.

« Tu es trop bonne et trop pure pour entendre ces détails sordides... J'aurais tant de peine si je te choquais comme si... »

Elle ne lui pardonnerait jamais ce « trop bonne, trop pure ».

« Comme si tu parlais à ta mère, n'est-ce pas? »

« Il faut le briser, pensa-t-elle. Qu'il se traîne à genoux... qu'il me soit livré. Il va trop loin. Je n'ai pas encore l'âge de ces souffrances-là... »

« Presque », dit-il.

Et soudain sur ses gardes :

« Sauf que j'ai envie de toi. A force d'évoquer les souvenirs... »

Elle le repoussa :

« Non. Tu penserais à Nicole ou... à quelque chose dans ce style-là !... En te regardant, je me pose une question, Gabriel, la même qui me préoccupe depuis des années. Quels sont exactement les instincts meurtriers qui font basculer l'être dans le domaine des démons ? Tu as une mauvaise tête, soudainement, mon chéri, une tête de petit truand... Contrairement à ce que tu pourrais imaginer, je n'aimerais pas connaître tes pensées.

– Elles, elles ne sont pas pures », admit-il.

Il fallait éviter à tout prix la rupture.

« Je voulais faire l'amour...

– Non, reprit-elle, pensive. Ne mens pas. Tu m'as fait frémir... Tu n'aurais aucun intérêt à le faire...

– L'amour ?

– Me tuer...

– Tu es folle, Liliane...

– Non. Tu n'y aurais aucun intérêt parce que tu n'en tirerais aucun profit. Tu aurais les plus grandes difficultés à te justifier après. Un crime passionnel... sans passion... n'est qu'une sordide exécution. Méfie-toi. Je suis protégée. Mes instincts ne m'ont jamais trahie.

« Même à la Bourse, on se trompe, souffla-t-il. Le flair ?... Combien en ont été déjà les victimes. Le faux flair... Tes fameux instincts sont déboussolés. Je t'aime... Mais pas comme les autres... Je n'ai pas d'argent et je ne fais pas de littérature autour de notre liaison... Alors, je joue perdant. Tout est contre moi.

— Tu vas me faire pleurer », dit-elle.

Elle détourna la tête pour cacher son désarroi. Elle le regarda de nouveau

« Quand tu joues au pauvre type honnête, tu es presque convaincant. »

C'était vrai. Elle avait failli pleurer.

VI

La voiture était arrêtée devant la boutique du coiffeur, et Gabriel, remplissant à ras le cendrier du tableau de bord, nourrissait son attente, installé déjà dans l'éternité pénible des haines inassouvies, en pensant à une des soirées qu'ils avaient passées récemment ensemble.

Liliane, déguisée en « blonde aérienne » – elle qui dormait, été et hiver, la fenêtre ouverte, était devenue momentanément frileuse, simplement parce qu'elle avait voulu garder sur elle son nouveau manteau de vison presque blanc –, avait mis sa main sur celle de Gabriel.

« Tu sais, les bijoux, je m'en moque. Par contre, les fourrures, je les adore. »

Pourquoi avait-elle eu besoin de parler de fourrures à l'instant même où il y avait pensé ?

« Je me souviens encore très vaguement d'une excursion en traîneau, avait-elle raconté. Assise entre mes parents, je savourais chaque instant. Les têtes des chevaux disparaissaient dans les bouffées de vapeur blanche que formait leur haleine. Les clochettes attachées au harnarchement tintaient. Mes parents jusqu'à la taille, moi jusqu'au bout du nez, nous étions enfouis sous une somptueuse couverture en fourrure; elle était comme le flanc d'un animal chaud et tendre, et je me suis endormie.

« A Passy? » avait-il demandé.

Elle avait répondu, froissée :

« Tu es méchant.

– J'ai de l'humour... Heureusement... Si je me mettais à genoux chaque fois que tu évoques tes souvenirs, je passerais mon temps par terre. Je n'ai pas ce culte du passé. Je n'aime que l'avenir. A propos, il paraît qu'il y a une nouvelle boîte russe; Mira m'en a parlé. Si on y allait après le dîner? »

Lentement, elle était en train de faire disparaître un bifteck saignant. Il avait détourné la tête.

« Je dis neige, tu penses Russie, avait-elle dit. Il neige aussi en Hongrie...

– Oh! quelle bonne nouvelle! s'était-il exclamé. J'avais peur que vous ne manquiez de neige en Hongrie! Non, sérieusement,

Liliane; crois-tu que ça va marcher demain à la télévision ? »

Elle aurait dû laisser le dernier morceau couronné de quelques feuilles de cresson sur l'assiette.

« Je l'espère, avait-elle dit. Mais ce n'est pas sûr. Si cela dépendait de moi... »

L'aurait-elle fait ?

Imprudemment, il avait détruit son atmosphère. En arrivant, elle avait l'humeur bavarde. Elle aurait aimé jouer avec des souvenirs, en les situant peut-être comme des fragments de phrases, l'un après l'autre, à leur place exacte. C'était fini.

Elle avait commandé au garçon :

« Pour moi, un fromage. »

Elle avait un appétit incroyable. Pourtant, elle était si mince, si vulnérable parfois...

« Et pour toi ?

– Un café.

– Quel fromage ? avait demandé le garçon.

– Un brie... »

Gabriel avait allumé une cigarette. De nouveau, il faudrait attendre. Liliane avait ressenti fortement l'impatience de Gabriel. La merveilleuse soirée n'avait plus été qu'une caricature.

« Oh ! non, s'était-elle exclamée quand le garçon était revenu. Moins s'il vous plaît. »

Elle détestait manger seule son fromage. Une femme qui continue à manger pendant que l'homme fume... Elle s'était mise à détester le brie et avait voulu se venger.

« Qu'est-elle devenue, la précieuse Yvette ?

– Elle se marie ces jours-ci avec un étudiant en médecine... Pourquoi ?

– Je suis curieuse, moi aussi, tu le sais... Parce qu'elle t'a vu jouer le rôle d'un médecin ?... Amusant... D'ici que toi, tu m'auscultes... On s'en va ? Gabriel, je ne sais pas si tu...

– Non, je n'en ai pas...

– Demande l'addition... »

Il avait fait signe au maître d'hôtel.

Elle lui avait glissé deux cents francs dans la main.

« J'espère que tu en auras assez. »

C'était devenu insupportable. Chez elle, elle s'était mise à décharger la bonne de bien des tâches. « Gabriel, as-tu donné le chèque à la teinturerie ? » « Gabriel, si tu pouvais passer chez l'électricien : il y a deux ampoules mortes dans le hall. Achètes-en plusieurs. C'est gentil... tu nous aides... En attendant... »

En attendant quoi ?

Il ne s'était pas aperçu de l'arrivée de Liliane, sortie toute chaude des mains du coiffeur.

« Tu dors! s'exclama-t-elle en se laissant tomber sur le siège. Tu sais bien que nous devons aller à la banque. Allons-y. »

Blême de colère, Gabriel manœuvra la clef de contact. En se dégageant, il heurta légèrement une autre voiture et, plus tard, passant violemment à un feu orange, au lieu de s'engager dans une rue transversale pour contourner le pâté d'immeubles où se trouvait la banque, il tourna en plein milieu du boulevard, espérant être sifflé par un agent.

« Tu es fou, dit-elle. Une contravention et... nous sommes vendredi... je n'aurais pas pu venir à la banque avant lundi...

– Engage un meilleur chauffeur, bougonna-t-il, tout en serrant violemment contre le trottoir la voiture de sport. Un chauffeur espagnol ou un Portugais sous-alimenté. Le Portugais, lui, il sera reconnaissant. »

Elle se pencha vers lui et l'embrassa sur la joue.

« C'est fini. Ne boude pas, vilain nounours tout bête, tout furieux... »

S'il pouvait ne plus l'entendre, s'il pouvait ne plus être la cible de ces phrases aiguës comme de petits couteaux... S'il pouvait ne plus être le banc d'essai des sautes d'humeur de Liliane... Si elle pouvait disparaître, se taire pour toujours, irrévocablement...

« Ah ! dit-elle, on broie du noir... Viens, je vais te consoler. »

Elle fit un effort. La phrase qu'elle s'apprêtait à prononcer allait contre sa nature.

« Excuse-moi... Quand je suis pressée, je m'énerve facilement. Chacun ses défauts... »

Ne laisserait-elle donc pas un instant vide de mots, de sensations ou d'analyse ? Un jour, il aimerait une belle fille à la poitrine agressive, une plante pleine de sève et vide de pensées. Oh ! ils seraient magnifiques, ces jours à venir ! Déjeuner au soleil avec une fille qui ne pense à rien...

Agacé, peu à peu impressionné par la solennité des lieux, échauffé par la jalousie, il suivait Liliane. Celle-ci souriait au portier, aux huissiers, aux employés. « Navrée d'être en retard... Cela ne sera pas long... »

Ils descendirent un escalier de marbre et, au sous-sol, un autre employé au visage fatigué les accueillit. Sans aucune préméditation, presque malgré lui, Gabriel observait les lieux et, mentalement, enregistrait des détails. De son sac, Liliane prit la clef de son coffre et la tendit à l'employé. Celui-ci l'accepta en s'inclinant et fit signer une fiche où il avait marqué l'heure : il était 16 h 40.

« Ils ferment dans vingt minutes. Dépêchons-nous. Au lieu de m'attendre devant le salon de coiffure, tu aurais pu venir chercher le contrat. »

Liliane avançait, précédée de l'employé, suivie de Gabriel. Le cœur de Gabriel accéléra son rythme.

« Ils m'auraient guillotiné à la porte, fit-il, sarcastique. Je suis un impur... Je n'ai pas d'argent.

– Si tu n'étais pas complexé comme une vieille fille, dit Liliane, nous pourrions nous entendre... »

En se détournant pudiquement, l'employé ouvrait à demi la porte du coffre. Liliane compléta le geste et prit à l'intérieur quelques dossiers grossièrement ficelés qu'elle posa sur une petite table voisine en métal gris. La porte blindée était restée ouverte. Immobile, Gabriel ne pénétrait dans le coffre que du regard. Liliane sentit sa curiosité et leva la tête de ses papiers.

« N'aie crainte; je n'ai pas oublié... Je te le montrerai... un instant de patience... Voilà le contrat du producteur; prends-le. Ta serviette?

– Dans la voiture », dit-il.

Elle lui avait offert, quelque temps auparavant, une superbe petite serviette noire venant d'un magasin de grand luxe.

Il prit la chemise bleue contenant quelques feuillets et la mit sous son bras.

« Alors...

– Viens... »

Plusieurs paquets se trouvaient dans le coffre. Liliane en prit deux et, presque en les soupesant, les montra. Elle tendit d'abord sa main gauche.

« Devine...

– L'argent.

– Non. Des lettres d'amour... »

Elle avança l'autre main.

« L'argent est là. C'est étrange, non ? Quarante millions anciens en billets de cinq cents nouveaux francs font un paquet à peine plus consistant que celui des lettres d'amour qu'on m'a écrites. J'en recevrai d'autres, sans doute... Et le paquet sentimental sera un peu plus épais. Toi, tu n'aimes pas écrire ?... »

Une sonnerie stridente retentit.

« Cinq heures », fit-elle.

Elle superposa les deux paquets sur les papiers d'affaires. Elle appuya sur une sonnette. Et l'employé réapparut.

Revenant dans le hall central, Liliane afficha un beau sourire en se tournant vers l'employé.

« J'aimerais que soit déposée la signature de Monsieur. Auriez-vous encore quelques instants à perdre ? Il faut aussi que je signe moi-même la procuration pour que... enfin... »

Elle hésita, ne sachant pas comment désigner Gabriel.

« ... Pour qu'il puisse venir à ma place chercher des papiers d'affaires. »

Elle glissa subrepticement un billet dans la main de l'employé.

« A votre disposition, madame Berg », répondit celui-ci.

Liliane se tourna vers Gabriel.

« Ainsi, tu auras libre accès au coffre. »

Il aurait voulu protester. Il lui semblait que Liliane l'entraînait sur un chemin encombré de pièges.

« Non, refusa-t-il, je ne signe rien. Ça ne vaut pas la peine. Tes affaires te regardent, toi. »

L'employé, indifférent, d'un doigt à l'ongle jaune et usé, désigna un emplacement sur une feuille qu'il présenta.

« Ici, monsieur.

Et il lui tendit le stylo. Il le prit.

« Mon nom de scène? demanda-t-il, presque malgré lui, ou mon vrai nom?

– Ton vrai nom, chéri, ton nom légal. Tu peux ajouter « dit ceci ou cela »; cela n'a aucune importance. »

C'est vrai : cela n'avait aucune importance.

Il signa à contrecœur « Gabriel Vanner ». Son nom de famille lui déplaisait souverainement. Il le trouvait laid et vulgaire.

« J'aime bien, dit-elle une fois revenue à la

voiture, l'aspect serviable et modeste de l'argent. Quarante millions dans un si petit paquet. Inouï, non ?

– Cet argent, tu le laisses dormir? demanda Gabriel. Dommage, au lieu de le faire fructifier.

– Personne ne sait que je l'ai, répondit-elle. Aucun notaire, aucun homme d'affaires, personne... C'est ma cagnotte personnelle et secrète. Je préfère l'anonymat pour cet argent-ci. »

Ils passèrent la soirée ensemble. Elle grignota un dîner-régime qu'Elisabeth, la bonne, avant d'aller se coucher, avait préparé dans la salle à manger au premier étage.

Eprouvé par toutes les sensations qui s'étaient succédé cet après-midi-là, Gabriel, confusément, cherchait une entente amicale. Décontenancé par des événements contradictoires, il eût aimé se réfugier dans un provisoire armistice. Ce soir, il n'aurait pas demandé mieux que d'abandonner sa fantasmagorie de cauchemar. En face de Liliane – elle vidait paisiblement un pot de yaourt – le meurtre si souvent imaginé lui paraissait absurde.

Déjà démaquillée, dans sa robe de chambre, Liliane ressemblait à une jeune mère de famille nombreuse fatiguée de sa dure journée.

« Tu veux regarder la télévision ? demanda-t-elle.

Comment pouvait-elle changer d'aspect à un tel point ? Elle semblait anodine, soudain, apaisante et presque inoffensive.

Il repoussa violemment son assiette.

« Laisse-moi partir.

– Tu es libre.

– En théorie, oui ! s'exclama-t-il. Si j'avais la force de rompre... Comme un lâche, j'attends... Pousse-moi dehors, donne-moi un coup de pied, n'importe... Dans notre intérêt commun, je t'en supplie... Mets-moi à la porte brutalement... Ce soir même. Injurie-moi... Je suis comme un drogué... Ce luxe, ce cadre, ces somptuosités... En les cherchant bien, tu pourrais peut-être trouver des mots que je ne supporterais pas... Le matin, quand je me rase, j'ai la nausée. Et je ne connais plus les jours ni les heures. Les espoirs qu'on me jette, je les ramasse comme un chien qui court après un os... J'ai déjà fait les poubelles du cinéma, prêt à décrocher, comme un chiffonnier, l'occasion ! Maintenant, grâce à toi, on est plus poli avec moi, mais le résultat est le même; c'est le néant.

– Tu as tout à fait raison, dit-elle, très calme. La liberté, l'honneur, avant tout. Personne ne peut te comprendre mieux que moi. Je t'estime pour ta révolte. »

Elle rejeta ses cheveux en arrière.

« Seulement, je trouve que c'est une révolte inutile. Nous ne faisons qu'attendre ensemble. Nous devions ensemble provoquer ta chance. Considère que tu vis à l'hôtel. Si tu ne veux pas me voir, tu ne me vois pas. Je vais jouer une pièce dans trois mois; dès que j'entrerai dans la peau de mon personnage, dès que je commencerai à apprendre mon texte, je disparaîtrai. »

« Elle va jouer. » Et lui ? Il n'en était même pas question.

« Tu comprends, Gabriel... »

Elle reprit une autre mandarine.

« Il faut avoir un peu de patience dans la vie. Je t'aide comme je peux, tu sais, mais je ne peux pas garantir le résultat. Ma maison n'est pour toi qu'une gare de triage. Tu attends et, sitôt que l'aiguillage est mis dans la bonne direction, tu t'en vas, mais en sachant où; c'est très important. Hier encore, par exemple, tu vois, j'ai parlé de toi à Vraz. Il monte une super-production. Son budget est effarant; aux alentours du milliard. Il m'a raconté le sujet : aberrant. Quatre hommes, assoiffés, errant en plein milieu du Sahara et cherchant la piste perdue, s'expliquent et se lancent des vérités éculées sur la vie et la mort. Forcément aussi sur l'amour... Tu vois ça d'ici ? Ils se traînent vers une oasis où une starlette au regard mouillé leur donnera enfin à boire. Il y aura eu, entre-temps, l'inévitable tempête de sable. Selon Vraz, c'est rentable; ça dépayse les gens; ils aiment l'aventure, même en carton-pâte. Tout ça est affolant de bêtise. Enfin, si je peux te porter chance...

— Liliane, s'exclama-t-il, comme tu es gentille! Je t'adore. Si tu pouvais convaincre Vraz... Tu ne crois pas que je devrais aller le voir, lui montrer mes photos en couleurs? Je donne bien en couleurs. Tu les as vues, mes photos!

— Mais si j'obtenais l'un des rôles pour toi, tu t'en irais? » dit-elle d'une voix légère.

Gabriel évita le piège de justesse.

« Oh! non, du tout... Au contraire... J'en aurais moins envie. Je pourrais participer aux frais de la maison. Je me sentirais moins humilié. Je t'achèterais un bijou... »

Elle but un peu d'eau.

Tout cela sonnait faux.

« Tu es gentil, dit-elle.

— Car, continua Gabriel sur sa lancée, j'ai aussi des difficultés avec ma mère. Elle croit que je loue une chambre boulevard Raspail chez une veuve. Entre veuves, il y a une certaine solidarité. D'ici qu'elle vienne à Paris pour la connaître, pour prendre le thé avec elle... Je tremble tous les jours... Je me fais adresser ses lettres chez un copain qui habite l'immeuble dont j'ai donné l'adresse. Ton nom, tu comprends, je ne l'ai pas prononcé, sauf sur le plan professionnel. J'ai souligné que j'avais de la chance d'être choisi comme partenaire par la grande Liliane Berg. Je lui ai envoyé, à l'époque, quelques coupures de presse. Je ne voudrais pas qu'elle apprenne la vérité. »

Liliane bâilla. C'était un signe de nervosité.

« Ton histoire ne tient pas debout. Tu prends ta mère pour une sourde-muette, qui serait aussi aveugle. Ne crois pas les gens plus simples d'esprit qu'ils ne sont. Ta mère a dû voir par hasard sur un agenda que nous étions en 1967 et non pas en 1880. Alors, elle s'est mise à la page et elle a voulu intervenir dans ta vie privée. Figure-toi qu'elle m'a écrit en me suppliant de te rendre à une existence plus honnête, de ne pas te corrompre définitivement... Cette nuit, tu étais admirablement corrompu... »

Soudain figé, le souffle coupé, il cria :

« Ma mère t'a écrit et tu ne m'as rien dit ?

– Je te le dis maintenant, avec deux petits mois de retard. Tu n'étais pas au courant ? Donc, elle te mentait, elle aussi. Elle ne t'a jamais mis au courant de nos échanges de mots assez vifs, mais courtois ? Elle m'a prise pour Marguerite Gauthier. « Rendez-moi mon « fils et toussez à votre aise. »

Liliane était faite comme une statue grecque; elle respirait la santé. Elle prit un mouchoir et fit semblant de tousser.

« Horrible, non? »

Il avait fait preuve d'un grand contrôle de soi en gardant son sang-froid.

« Qu'as-tu répondu?

– Je ne sais plus. J'ai failli envoyer une de mes photos dédicacées. Que veux-tu, l'habitude... Dès que je réponds à quelqu'un, je mets une photo dédicacée dans l'enveloppe.

– Elle t'a écrit quand?

– Oh! je ne sais plus... Peut-être il y a deux mois... Ta petite agitée... Comment s'appelle-t-elle donc?

– Quelle agitée?

– Mais la fille...

– Yvette?

– C'est Yvette qui avait dû la prévenir. Elle s'était attribué le beau rôle : la pauvre chérie qui aurait rendu heureux un garçon simple, de qualité, perdu dans la jungle parisienne à cause d'une ogresse. Heureusement, toi et moi, nous n'avions jamais joué aux sentiments. L'affaire n'en aurait été que plus grotesque. »

Il savait qu'il devait à tout prix gagner du temps.

« Je ne t'ai pas écrit de lettres d'amour, dit-il. Cela te manque peut-être. J'aurais pu aller au Vésinet et t'envoyer une carte postale : « A toi pour toujours. Gabriel. » Tu l'aurais mise avec les autres au coffre?

– Non, dit-elle. J'aurais préféré que la carte vienne d'un endroit plus exotique. D'Auvergne, par exemple. »

S'il s'en allait maintenant, il lui faudrait aussitôt demander de l'argent à sa mère. Les intérêts moraux sur la somme empruntée seraient élevés. Que de discours à entendre pour quelques milliers de francs! Il devrait aussi espacer ses visites chez le coiffeur; il se laisserait pousser légèrement les cheveux. Il s'attablerait de nouveau aux terrasses des cafés et y perdrait son temps. Il rentrerait, tête baissée, dans le vieux cercle vicieux des promesses sans suite, des sourires vides et des trahisons pénibles.

Par contre, si tout allait bien, Liliane l'emmènerait au Festival de Cannes. Nourri et logé, sans souci, il se promènerait au soleil et décrocherait peut-être, ayant été vu dans la compagnie de Liliane sur la Croisette, le rôle qui le sortirait de l'anonymat. Le soir du gala d'ouverture, il monterait les marches du Palais des Festivals à côté d'une Liliane scintillante de pierres précieuses brodées sur une robe longue. Lui, il se serait déjà fait bronzer sur la plage. Il sourirait, et ses dents éclatantes éclaireraient son visage tanné. Son smoking encore parfait serait rehaussé par une nouvelle chemise brodée.

– Eh bien, dit-il, moi je t'aime. C'est simple : je t'aime... Ce n'est pas un amour fou, c'est plus, c'est...

Il cherchait le mot. Liliane l'interrompit :

– L'amour, je ne le veux pas fou. L'excitation physique ressemble aux agonies que provoque le jeu. Si on ne s'arrête pas à temps, la misère ou le ridicule vous tue. Alors...

VII

Après l'incident provoqué par l'évocation des lettres échangées entre Liliane et la mère de Gabriel, ils s'étaient assez vite réconciliés. Pourtant, plus méfiante que jamais, Liliane se surveillait. Elle s'était donné, comme date limite de leur rupture, le Festival de Cannes. Réfugiée derrière cette date-prétexte, elle attendait. Apparemment toujours forte, cinglante à l'extrême, à peine laissait-elle échapper, à certains moments de la nuit, un soupir proche d'un petit râle. Elle était terrorisée par l'idée qu'elle pourrait n'être plus, un jour, qu'un détestable sujet de conversation entre Gabriel et certains autres aussi curieux et vicieux que lui. Rétrospectivement, il l'abîmerait, l'abaisserait par de petites phrases vénéneuses : « Mon vieux, par moments, j'ai cru que... Peut-être as-tu raison, oui : la peur de l'âge... Tu comprends ? Alors, on fait une provision en pensant aux temps maigres à venir... Il fallait que je parte; je serais devenu dingue. »

Cette nuit-là, Gabriel se pencha sur elle.

« Tu dors ?

– Non.

– Tu veux que je m'en aille ?

– Où ?

– Dans ma chambre.

– Non, reste. On est bien là, non ? »

La petite phrase aimable l'encouragea.

« Nous aurions pu nous aimer, dit-il, si tu avais moins peur de ce que je représente à tes yeux. Tu es crispée jusqu'à la moelle. Tu t'imaginerais facilement ridicule; sans te rendre compte, tu peux être encore plus belle, plus attirante que n'importe quelle sauterelle de vingt ans. »

Liliane bâilla.

« J'ai l'air d'avoir besoin d'être réconfortée ? Inquiétant... »

Gabriel continua :

« Détends-toi... Ne proteste pas quand...

– Tais-toi.

– Si tu pouvais ne pas réfléchir. »

Liliane poussa un soupir.

« Je suis libre, libre quand je n'aime pas, dit-elle. Je me laisse aimer... La preuve, tu es là. Après le festival, nous nous séparerons.

– Quand on nous voit ensemble, dit Gabriel, personne n'imagine que...

– Ils n'ont pas besoin d'imaginer, reprit-elle, d'une voix suave. Ils le savent que j'ai vingt ans de plus. Cela se voit dans certains regards.

– On peut même réussir un mariage avec vingt ans d'écart », dit Gabriel.

Il s'avançait prudemment.

« Rassure-toi, s'exclama Liliane, nous ne nous marierons jamais ! Je suis un moins bon parti qu'on ne l'imagine. Je n'ai plus mon théâtre; le cinéma m'ignore... Par contre, mon nom est aimé du public. J'ai une fortune connue et une autre cachée. Et des relations assez extraordinaires.

– Je parle d'amour, dit-il, et tu fais l'inventaire de ta vie. »

Elle se mit à sourire; elle avait donc réussi à cacher son émotion, ses larmes à fleur de paupière.

« A propos d'inventaire, ajouta-t-elle, tu iras demain, si tu veux bien, à la banque pour chercher l'acte de propriété de ma maison de Montfort; il y a un acheteur. »

L'occasion se présentait donc d'une manière inattendue et rapide. Demain, c'était vendredi. S'il pouvait prendre l'argent du coffre, Liliane ne saurait rien jusqu'au lundi matin. Il lui resterait quarante-huit heures pour supprimer Liliane, d'une façon ou d'une autre.

« Je peux fumer ?
– Fume. »

Il avait juste cette nuit devant lui pour entraîner Liliane dans la direction voulue.

Depuis qu'il était installé dans la vie de Liliane, la bonne avait pris l'habitude de poser un cendrier sur la table de chevet. Subrepticement, en faisant fonctionner son briquet, à la lumière de la petite flamme jaune, Gabriel jeta un coup d'œil sur sa montre. Il était déjà minuit.

« Je te donnerai demain l'adresse du notaire. Et, surtout réclame la clef du coffre. Parce que tu iras à la banque demain assez tôt. Moi, je vois le notaire après déjeuner. Je ne déjeune pas avec toi, demain.

– Avec qui déjeunes-tu ?

– Avec Marcel. Il veut me reparler d'un rôle assez intéressant. Je crois que je l'accepterai. Je passerai la matinée à l'institut de beauté; je voudrais être très bien pour cette rencontre. L'enjeu est assez important pour moi. Maintenant, lorsque les producteurs me regardent, ils se demandent : « Est-elle « encore assez jeune pour... »

– Partons demain soir pour Monte-Carlo, dit-il. Je n'y ai jamais été.

– Je le sais, fit-elle.

– Un petit voyage d'amoureux », insista-t-il.

Soudain, il eut peur d'avoir été trop loin.

« Non, dit Liliane. Je jouerais...

– Je t'en empêcherai.

– Je devrais me faire interdire dans ce casino aussi avant d'y aller.

– Toi! s'exclama-t-il. Avec ta volonté de fer! Allons, Liliane... Tu ne cours aucun risque. »

Elle se défendit mollement :

« Nous irons à Monte-Carlo à l'occasion du Festival de Cannes. »

Mais il n'irait peut-être plus jamais seul au coffre... Liliane elle-même y allait rarement.

« J'aimerais être avec toi à Monte-Carlo en dehors de la saison, dit-il. Lors du festival, tu seras assiégée par la foule des curieux, énervée par les coups de téléphone incessants des producteurs; nous n'aurons jamais un tête-à-tête.

– Oh! fit-elle, on ne court pas à ce point après moi, tu le sais bien. »

Elle était quand même flattée; c'était plus fort qu'elle.

« Tu aimerais vraiment y aller?

– Oui », dit-il.

Et il l'embrassa.

Plus tard, il dirait, lors de l'enquête, que Liliane devait avoir éprouvé des difficultés d'argent, qu'elle allait vendre sa maison de campagne. A la banque, demain, il prendrait le paquet qui contenait les quarante millions. Il mettrait l'argent dans le coffret hongrois qu'il refermerait à clef. Ce coffret, il le laisserait dans sa chambre à Paris. Liliane se suiciderait à Monte-Carlo avec son joli petit revolver à la poignée incrustée de nacre. Dans l'hôtel somptueux où ils descendraient, il n'entendrait évidemment pas, d'un appartement à l'autre, le coup de feu. De préférence, c'est le garçon d'étage qui découvrirait le corps parce que lui, Gabriel, en commandant son petit déjeuner, ajouterait, comme pour faire une farce : « Portez un thé complet à Mme Berg. » « Je voulais simplement la faire réveiller », dirait-il aux policiers. « Je ne voulais pas qu'elle dormît jusqu'à midi; il faisait si beau... Nous devions nous promener avant de reprendre l'avion... Quel drame affreux... Il faut dire qu'elle paraissait, ces derniers temps, déprimée. Je l'aidais comme je pouvais à lutter contre sa passion du jeu. Je voulais l'empêcher de venir à Monte-Carlo. Je lui ai même dit que je ne l'accompagnerais pas au casino. Mais que voulez-vous? Elle faisait ce qu'elle voulait. Ce n'est pas moi qui aurais pu changer sa nature; ce n'est pas moi qui aurais pu la contrarier. De quel droit? J'étais là pour la servir, pour l'aimer. Je l'ai accompagnée avec l'espoir de la dissuader de jouer.

J'ai horreur du jeu, messieurs. J'avais un pressentiment que tout cela se terminerait mal; elle était vraiment comme droguée par le jeu; elle en rêvait, la pauvre... »

La journée de demain allait donc devenir un magistral jeu de patience. Avec l'acte de propriété souhaité par Liliane, il prendrait aussi l'argent. Pendant que Liliane se trouverait sous un masque d'herbes dans la douce pénombre de l'institut de beauté, il placerait les quarante millions dans le coffret hongrois. Il recouvrirait l'argent avec des lettres reçues de sa mère et quelques bibelots. Quand, après la mort de Liliane, les scellés seraient mis sur l'hôtel particulier, lui, amant éploré, il n'emporterait de la maison que le coffret et sa valise. La justice, clémente, respecterait son désir de vouloir cacher, devant sa mère, sa liaison tragique. On le laisserait partir sans difficulté. Surtout que, n'ayant pas d'héritier, toute la fortune de Liliane irait à l'Etat. Dommage...

Il déposerait donc l'acte chez le notaire et circulerait jusqu'à l'heure du départ pour Nice. Même si Liliane avait l'idée lunatique de retourner au coffre à la banque, n'ayant pas la clef, l'accès lui en serait interdit. Gabriel, lui, irait voir un film et attendrait l'heure du départ dans une salle obscure.

« Tu ne m'as jamais embrassée comme ça, dit Liliane en se dégageant.

– Tu aimes les grands baisers qui t'enveloppent, dit Gabriel. Tu me l'as dit le premier jour.

– Tu ne l'as pas oublié ?

– Non », dit-il.

Et il se pencha sur elle.

« Que veux-tu de moi ? dit-elle peu après. Tu n'as jamais été aussi doux.

– Tout change... moi aussi, répliqua-t-il. Ce qui m'ennuyait hier me passionne aujourd'hui. J'aime être auprès de toi... t'écouter... Tu es poète, presque, quand tu évoques tes souvenirs d'enfance. La petite lettre que tu m'as écrite lors de mon anniversaire, je la sais par cœur... « Je te donne, Gabriel, ce qui « m'est le plus précieux, le seul souvenir qui « me reste d'un passé oublié : le coffret hon- « grois. Tu l'as tellement désiré, tellement « aimé dès le premier jour, qu'il doit te reve- « nir. Il porte chance, ce coffret; d'une façon « ou d'une autre, il te portera chance, « Gabriel. Je te le souhaite de tout cœur. J'ai- « merais te dire que je t'aime... Je n'ose pas. « A quoi bon mentir ? Pourtant, j'aurais aimé « t'aimer. Liliane. »

– Tu as une mémoire... » s'étonna-t-elle.

Et, attendrie :

« Gabriel, si tu le désires vraiment, nous pourrions aller à Monte-Carlo la semaine prochaine.

– Demain, dit-il. Improvisons ! Tu ne joues pas, tu ne répètes pas, tu es libre... Alors, changeons de rythme, partons...

– Un jour, j'ai obéi à une impulsion, dit-elle. Il y avait peut-être un petit Gabriel en moi, un secret et tendre diable qui m'incitait à la révolte. Je n'avais pourtant que six ans. On a tous les défauts du futur adulte, à six ans. Ma nourrice avait la terreur des gitans. Sur ce plan-là, tu sais, à l'époque, la Hongrie était un peu le Moyen Age. »

Il se crispa. « La Hongrie... encore... » Il se reprit pourtant : « Pour la bonne cause... »

« Enfant, j'étais saturée d'histoires sordides et cruelles que racontaient les domestiques, dévorée à la fois par une curiosité assez malsaine et par la peur, secrètement avide de magie noire et de sorcellerie qui bouleversaient, dans mon esprit, le monde de l'au-delà. Quand je voyais des nuées d'oiseaux qui se déplaçaient en vagues noires sur le ciel bleu, parsemant de taches fugitives des nuages bouffis de chaleur, je pensais aux gitans. Je n'en avais encore jamais rencontré. Aucun, jamais, ne s'était aventuré jusqu'à notre gentilhommière, et on m'enfermait quand ils traversaient notre village. Je les imaginais grands et se promenant torse nu; leur peau était assez foncée et brillante. Ils ne posaient jamais leurs regards lourds sur moi; et, dans mon imagination, j'observais, fascinée, les longs couteaux glissés dans leur large ceinture de cuir. Sans les avoir jamais vus, j'étais déjà hypnotisée par eux.

« Quelque temps avant notre départ définitif de Hongrie, le jour où j'appris que, parmi les objets les plus précieux que nous devions emporter en France, se trouvait le coffret, et que celui-ci m'était destiné – je l'avais toujours admiré respectueusement, je l'avais effleuré de mes doigts d'enfant –, je me souviens qu'étant seule dans l'un des salons, les gendarmes étaient venus jusqu'à notre maison et nous avaient signalé un passage de tziganes prévu pour l'après-midi. Ils avaient été chassés des alentours d'une petite ville située non loin de notre propriété. De cette ville, je ne connaissais bien que la petite église baroque où j'assistais, chaque dimanche, à une longue messe chantée.

« Ce jour-là, j'avais déjeuné seule dans la grande et obscure salle à manger. Les lourds volets à demi fermés luttaient contre la chaleur. La nounou se tenait près de moi, debout. Elle m'avait chuchoté à l'oreille : « Après le repas, petite fleur, vous resterez « dans votre chambre. Je viendrai vous

« apporter votre goûter. Jusqu'à quatre heu-
« res, vous devez rester enfermée à double
« tour; ces diables de gitans pourraient vous
« voler. » Rapidement, elle avait fait le signe de croix et continué : « Une caravane de tziga-
« nes passera aujourd'hui; peut-être est-elle
« déjà maintenant – Dieu nous garde d'eux
« – sur la grand-route. Si un de ces démons
« osait s'aventurer par ici, en franchissant la
« grille avec la rapidité d'un écureuil, en tra-
« versant le parc comme un renard, en
« déjouant la surveillance des deux jardi-
« niers, comme un voleur – oh! malheur...
« – un malheur nous arriverait. Je fermerai
« donc votre fenêtre, petite fleur. Il n'en fera
« que plus frais dans votre chambre. Vous
« dormirez comme un ange. Sous ce soleil
« d'enfer, il n'y a que les gitans qui se dépla-
« cent. Je vous réveillerai, ma petite fleur,
« avec votre tasse de lait tout frais; je vous
« apporterai aussi un pot de miel d'acacia et,
« sur une assiette de porcelaine fine, comme
« vous l'aimez, de belles cerises aussi rouges
« que vos lèvres. Ces cerises, on les a cueillies
« pour vous au verger ce matin. »

« D'un geste large et harmonieux, elle avait enlevé la couverture de mon lit d'acajou massif. L'édredon, recouvert de soie naturelle bleu ciel, glissait, chaque nuit, par terre avec un bruissement de vieux papier. « Je me dés-

« habillerai seule », avais-je dit, et j'avais attendu patiemment qu'elle quittât ma chambre.

« Elle ferma ma porte de l'extérieur à double tour et je l'imaginai s'éloignant dans la longue galerie, aux murs blanc fade, sur lesquels se détachaient les énormes cadres sculptés qui entouraient les portraits des ancêtres. J'allai vers la fenêtre close sur la pointe des pieds. Par les fentes des volets, une lumière aveuglante s'immisçait et zébrait la pénombre. Je me suis mise debout sur une chaise en bois des îles. Elle était lourde pour mes bras d'enfant, aussi lourde que pouvait l'être, je le croyais, un petit bébé éléphant. Je suis montée sur la chaise et j'ai ouvert la fenêtre. Je m'attaquai, ensuite, aux volets hostiles. J'ai pu les entrouvrir enfin. Je suis montée sur le rebord de la fenêtre et j'ai sauté... Heureusement, ma chambre se trouvait au rez-de-chaussée et j'ai atterri au milieu d'un parterre de pétunias de toutes les couleurs dont l'odeur était enivrante quand on les arrosait au crépuscule. Il paraît — les paysannes le racontaient — que des oiseaux mouraient de plaisir, asphyxiés par le fort parfum; celui-ci les attirait et ils tombaient évanouis sur la terre humide et mouraient parmi les fleurs. Les chats, gros et gourmands, venaient chercher, alors, ces petits cadavres emplumés.

« D'un pas furtif, j'ai franchi la clairière qui réunissait, comme un soleil, les différentes allées bordées de fleurs sillonnant le beau gazon vert de notre parc. Je m'enfonçai le plus rapidement possible sous les futaies où j'étais masquée par des arbres centenaires. Je courus jusqu'à la grille en fer forgé. Malgré le passage annoncé des gitans, par miracle, celle-ci était ouverte; mes parents devaient revenir en voiture dans l'après-midi à la propriété et, ne sachant pas l'heure exacte de leur arrivée, personne n'aurait risqué de les faire attendre. J'ai traversé un chemin. Au loin, un nuage de poussière retombait, doré, au passage d'une charrette solitaire. Devant moi, des champs de blé à l'infini ondoyaient. Je voulais raccourcir mon trajet et, pour gagner du temps, je me suis engagée dans les blés mêmes. Dans cette forêt piquante et dorée, par moments, des coquelicots timides, assiégés d'insectes, levaient vers moi leurs petites têtes fragiles. Je transpirais; la sueur, la première sueur de ma vie, coulait sur mon dos.

« J'étais piquée, égratignée, harcelée par d'innombrables et bourdonnants insectes dont j'avais osé bouleverser le chaud royaume. Quelques abeilles, des guêpes, des mouches bleutées impertinentes, me poursuivaient. Blessée, écorchée, croyant avoir été battue par des fouets dont la lanière aurait été tressée de chardons, haletante, je suis arrivée à la fin jusqu'à la grand-route. Une lente et longue caravane passait devant moi. J'aurais pu — était-ce une impression seulement ? — les toucher, les effleurer de mes mains d'enfant. Immobilisée, devenue statuette modelée de peur et d'émerveillement, je me contentais de les regarder.

« Ces gitans, qui conduisaient les roulottes, ne semblaient guère vivants. Leurs patients chevaux, le dos sillonné de sueur, la crinière broussailleuse, les narines creusées de fatigue, les flancs recouverts de bataillons ailés virevoltant, avançaient d'un pas réfléchi. Parfois, pour un rappel à l'ordre illusoire, la lanière d'un fouet mou retombait sur leur dos. Ils hochaient juste la tête, émettant ainsi une réponse, et chaque mouvement de leur lourde queue semait une panique passagère parmi les mouches. La plupart des roulottes étaient fermées. Mais, derrière certaines des fenêtres aux volets multicolores entrouverts, apparaissaient des visages au regard infiniment triste. D'une petite fenêtre, une femme me regarda ; d'un mouvement de main, elle rejeta ses cheveux noirs en arrière.

« Sur la minuscule plate-forme de la dernière roulotte, un enfant était assis. Ses jambes noiraudes et maigres se balançaient dans le vide au rythme des secousses provoquées par les cailloux qui recouvraient la route.

« L'enfant à son tour me vit. Son visage, hostile au sourire, s'adoucit cependant. Ses jambes continuaient à se balancer. Sur ses cheveux noirs, le soleil brûlant jeta une lueur d'un jaune sauvage. J'aurais désiré – je ressens encore quarante ans plus tard, le regret de ne l'avoir pas fait – j'aurais désiré profondément lui dire que je l'aimais.

« Je suivis la voiture. Soudain, Dieu sait pourquoi, les chevaux accélérèrent et la caravane, ébranlée par cette vitesse hardie, imprévue peut-être, s'éloigna. L'enfant tendit alors les bras vers moi. Il avait voulu me transmettre un message ou me bénir avec un geste fraternel, dans cette absence de haine qui unit les enfants. Il me sembla que ses lèvres articulaient un mot. Je le vis peu à peu disparaître, les bras étendus dans ma direction, les yeux rivés vers moi, dans un amour des êtres qui défiait jusqu'au soleil cruel.

« Huit ans plus tard, dans un rêve, je l'ai revu... Nous habitions déjà dans une rue paisible de Passy où quelques maisons privilégiées avaient encore un jardin ou au moins un arbre dans une cour secrète. Ma chambre, au lieu d'un parc immense, donnait sur un espace gris qu'habitait un vieil arbre dont l'écorce et les branches étaient entamées par la triste vieillesse citadine. L'arbre, pourtant, avait une rare dignité et, lors des nuits de pleine lune, quand les rayons argentés l'inondaient, tandis que la lune ronde et grave s'arrêtait au-dessus de notre maison, il semblait grandir à vue d'œil; d'innombrables feuilles jeunes, vigoureuses, poussaient dans une lumière argentée sur ses branches fragiles et tachées de moisissure comme sont les mains de certains vieillards.

« Fascinée, au cours de ces nuits magiques, j'observais la vie secrète de l'arbre. La luminosité métallique, bleutée ou laiteuse, l'immergeait dans un bain de jouvence. Une très grande force émanait de lui; je l'aimais, je le redoutais. Une nuit, il me sembla que, de son feuillage, il recouvrait la maison jusqu'à la fenêtre. Déjà, peut-être, je rêvais... Les branches, comme une forêt vierge, me séparèrent bientôt de toute vie terrestre. Maintenue comme sur une corde raide entre le paradis et l'enfer, je me suis élancée, de nouveau, à travers un champ de blé.

« Je savais que j'étais adolescente et je devais courir. Je courais comme un jeune animal. Le blé me dépassait en hauteur. Pourtant, j'étais grande. Les coquelicots géants m'effleuraient de leurs pétales veloutés; c'était comme le contact d'une multitude de lèvres avides qui m'auraient recouverte de baisers sournois. Je suis arrivée au bord d'une rivière et, pour me purifier d'idées obscures, de sensations frémissantes, d'instincts inquiétants et d'imaginations néfastes, je m'y suis jetée. Aussitôt, un courant torrentiel et glacial m'emporta. Plus loin, je m'accrochai à une racine géante et je pus toucher terre.

« J'étais nue; je n'avais aucune honte de ma nudité. Quelqu'un se pencha sur moi. Je me gardai d'ouvrir les yeux. Le pressentiment de mon futur bonheur était si puissant que j'aurais aimé prolonger le plaisir infini de l'attente. Il était beau et nu, et innocent; c'était l'enfant gitan, devenu adolescent. Il m'a prise dans ses bras et il est revenu en me portant jusqu'au champ de blé. Nous nous y sommes cachés; la terre, accueillante, se fit douce. J'ai ressenti un bonheur si aigu que j'ai dû crier. J'ai entendu, de loin, comme en écho, ma propre voix.

« Il s'est mis à genoux devant moi, m'a baisé la main et l'a portée ensuite à son front. Il prononça un mot... Et je me suis réveillée, les yeux en larmes du chagrin infini de l'avoir perdu.

« A plusieurs reprises, j'ai fait le même rêve. Je voulais, à chaque fois, l'empêcher de prononcer le mot étrange, lui interdire de le prononcer pour que le rêve ne soit pas interrompu. Mais je ne le pouvais pas; aucun son ne sortait de ma gorge.

« Pour savoir s'il avait une signification ou non, j'ai, un jour, prononcé ce mot devant mes parents, au cours d'un déjeuner. Ils me regardèrent, étonnés, et me dirent que j'étais vraiment une enfant encore, qui avait l'âge de jouer avec des mots, avec des mots qui ne voulaient rien dire. »

Pendant que Gabriel l'écoutait en fumant, il pensait que c'était presque dommage de la tuer.

« Et le coffret, dit-il, s'il est lié à des rêves, pourquoi me l'as-tu donné ?

– Parce que tu l'as désiré très fort, n'est-ce pas ? »

Il ne répondit pas.

Elle continua :

« Parce qu'il était temps de rompre avec la magie de jadis, avec tout ce qui avait été beau, tout ce qui avait signifié, pour moi, presque comme une religion, la fraternité de l'au-delà, l'aventure surnaturelle, le domaine des rêves. Il ne serait resté qu'une sorte de superstition. Il fallait rompre... rompre avec la magie. J'ai une telle facilité pour rompre, Gabriel... Je n'en ai pas encore fait la preuve avec toi. Cela va venir, mon chéri... Je peux tout abandonner... instantanement.

– Mais pourquoi justement moi ? insista-t-il, assez inquiet. Pourquoi me l'as-tu donné à moi ? »

Elle le regarda longuement.

« Je ne sais pas très bien, Gabriel. Je cherchais peut-être à te laisser le plus beau de mes souvenirs, l'objet qui m'était le plus cher. Tu l'avais eu, le coffret, dans tes mains; tu l'avais caressé. Il y avait eu un contact assez extraordinaire entre lui et toi.

« Et tu écris toujours une lettre quand tu donnes un cadeau ?

– Je ne donne jamais rien à personne. Je suis avare... J'aime ce qui m'appartient. J'ai plus l'habitude de recevoir que d'offrir... Ne me demande pas tout le temps « pourquoi ? pourquoi ? pourquoi ? » comme un petit perroquet agressif. « Pourquoi ? »...

VIII

« ALORS ? Es-tu content ? demanda Liliane. Nos deux appartements sont côte à côte et nous avons la mer devant nous. »

Il regarda par la fenêtre de l'hôtel. Le casino était juste en face, différent de celui qu'il avait imaginé.

« Emu, tu deviens muet, dit-elle. Et moi, je bavarde pour ne rien dire... Elle est bleue, la mer, toute bleue... »

Elle insista sur des détails. Elle aurait aimé qu'il applaudît aux bienfaits de l'argent.

« Tu as remarqué les verres à dents stérilisés sous papier cellophane ? Le sachet de mousse près du savon, destiné au premier bain, tu l'as vu ? Tu vois où tu dois régler le thermostat ? Là. Ne t'ébouillante pas. Depuis longtemps, je n'ai pas pris le train ; je me sens noire comme un ramoneur. Il faisait chaud dans mon compartiment ; j'ai dû appeler deux fois le contrôleur.

— Ce voyage dans un wagon-lit somptueux n'était donc pas suffisamment commode?

— Je préfère l'avion; c'est plus propre... »

On apportait les bagages.

« Les autres à côté », dit Liliane en désignant les siens.

Heureusement, Gabriel avait acheté une valise neuve. Le bagagiste serait mort d'indignation s'il avait dû monter celle d'avant... la vieille.

« Tiens, ma porte doit être fermée de mon côté, dit Liliane. On a une très bonne opinion de nous; on ne l'a pas ouverte. »

Elle allait sortir de la chambre de Gabriel, mais elle hésita :

« Quelles sont tes impressions? »

Il fallait couper court maintenant s'il ne voulait pas être soumis toute la journée à ce flot de remarques.

« A Paris, je me croyais jeune maquereau; ici, je me sens vieux maquereau... C'est tout. »

Elle pouvait aisément recevoir des coups sans en rien laisser paraître. Elle leva rapidement la tête.

« Prends un bain, change-toi; nous nous verrons plus tard. Je t'appellerai quand je serai prête. L'après-midi, tu pourrais le passer à la piscine; j'irai chez le coiffeur.

— Et nous dînons où?

— A l'hôtel : le restaurant est excellent.

Après, on pourra faire un tour, nous promener gentiment, boire un verre quelque part, écouter de la musique... Au revoir, à tout à l'heure... »

Il l'accompagna dans le couloir jusqu'à la porte voisine entrouverte.

« Je suis là, dit-elle. Tu rentreras quand tu seras de meilleure humeur.

– J'imaginais tout autrement, lança-t-il soudain. C'est trop bleu... trop blanc...

– Et toi, tu es trop bête. Tu n'as rien vu encore et tu t'affoles. Je te montrerai Monte-Carlo.

– Je voudrais essayer le jeu, dit-il, d'un ton qu'il voulait détendu. Une fois... »

Elle le regarda longuement. Il fallait soutenir son regard. Il y réussit.

« Depuis des mois, j'ai l'impression que tu voudrais me faire jouer. Pourquoi ?

– Au contraire, dit-il. Je parle pour moi... Toi, je t'en empêcherais. Je ne voudrais en aucun cas...

– Qu'est-ce que tu ne voudrais en aucun cas ?

– Que tu retombes...

– Où ?

– Que tu sois reprise par ta passion du jeu. Il paraît que, même avec une volonté de fer, on succombe si facilement... Quel danger !... Ma pauvre chérie...

– Moi ? s'exclama-t-elle. J'ai toujours fait dans la vie ce que j'ai voulu. Rien n'a pu m'intoxiquer : ni boisson, ni drogue, ni amour, ni jeu. Rien ni personne... Je m'élance et pourtant je m'arrête quand je veux. »

Un valet s'approcha avec un énorme aspirateur qui, féroce, s'acharnait sur le tapis rouge. Le bruit de l'aspirateur recouvrit leurs voix. Liliane entra dans son appartement. Gabriel revint dans sa chambre et sortit sur la terrasse. Un lointain marteau-piqueur faisait vibrer l'air rose. Derrière Monte-Carlo, les montagnes étaient bleu marine. Loin, en bas, sur une terrasse, s'installait un microscopique orchestre. L'entrée du casino semblait inoffensive, presque accueillante. Etonné, Gabriel se rendit compte que le fond de l'air n'était pas froid. « Les Anglais et les vieillards viennent chercher le soleil sur la Côte », a dit quelqu'un un jour. Qui ? Il ne se souvint pas.

Le téléphone sonna. Il reconnut la voix de Liliane.

« Tu as de l'argent ?

– Moins qu'un armateur.

– Non, sois sérieux. As-tu de l'argent pour acheter un slip de bain ? Il va faire très beau; nous irons plutôt à la piscine et nous déjeunerons ensuite sur la terrasse qui surplombe la mer.

– Nus ?

– Non, habillés. Nous sommes au mois de février... Mais quand même en plein air. De là-bas, tu verras tout Monte-Carlo.

– Je n'ai pas d'argent, dit-il.

– Tu peux passer en prendre. »

Comme si elle avait parlé d'aspirine... Il raccrocha...

Une envie irrésistible de destruction le poussa, sans qu'il pût résister, vers sa défaite. Il savait que, s'il continuait ainsi, il n'arriverait jamais à exécuter son projet. Pourtant, hier encore, tout avait marché à merveille : les quarante millions de Liliane se trouvaient actuellement dans le coffret hongrois. Il avait juste pu poser sur les billets quelques lettres de sa mère; il n'y avait pas eu de place pour les bibelots. L'argent formait un plus gros paquet qu'il ne l'aurait cru...

Il avait pris aussi le revolver de Liliane. Il avait dû le chercher longtemps. Il lui semblait, à la fin, que, dans l'ordre parfumé de la comédienne, un revolver n'avait pas de sens. Pourtant, il l'avait trouvé dans le bureau Louis XVI de Liliane. Il l'avait enlevé avec beaucoup de précautions, ne le touchant qu'à travers un mouchoir. C'est dans un mouchoir, entre deux chemises, qu'il se trouvait dans sa valise. Il fallait maintenant défaire la valise et mettre les chemises dans l'armoire. Le revolver aussi.

Un peu plus tard, ils nageaient tous deux mollement dans la piscine. Dans l'eau transparente, le corps de Liliane semblait encore plus élancé, plus long.

« Tu es belle, lui dit Gabriel, alors qu'ils venaient de s'arrêter ensemble à l'endroit où l'eau chaude coulait dans le bassin.

– Vraiment ? fit-elle, polie.

– Vraiment, répondit-il. Mais les autres sont hideux... Hideux... La piscine est trop somptueuse, tu comprends. Elle transforme les autres en vulgaires poissons géants et velus. »

Elle se mit à nager sur le dos. Gabriel aussitôt réapparut près d'elle.

« Tu nages bien, dit-elle.

– As-tu déjà vu un maquereau se noyer ? »

Elle s'exclama :

« Je n'en peux plus, Gabriel ! »

Et elle s'élança en un crawl violent. Assez vite cependant, elle s'agrippa au bord, près d'une échelle. Il la rejoignit.

« Excuse-moi... Je serai bien élevé... Je ne suis ici qu'un résident privilégié. Oh ! j'exagère... Même pas : un voyageur en transit. Alors, tu comprends, si je commence à respecter les lieux saints de l'argent, je me sentirai moralement plus bas que terre. »

Quand, de nouveau habillés, ils se trouvèrent sur la terrasse, certains reconnurent Liliane.

« Mais c'est Liliane Berg, dit quelqu'un à mi-voix.

– Une salade niçoise et un rosé », lança Gabriel au garçon.

Elle fut envahie par un grand mouvement de tristesse et pensa à la fille aux seins nus de Saint-Tropez.

« Pour moi, un fond d'artichaut, dit-elle, et après, deux grillades. N'est-ce pas Gabriel ?

– Non, reprit celui-ci, je ne veux pas de grillade. Je ne veux plus de grillade. Je veux un ragoût de mouton ! »

C'était, pour elle, insupportable.

« Je voulais te faire plaisir, se plaignit-elle, et, depuis que nous sommes arrivés, tu es intenable. Veux-tu que nous rentrions ce soir même à Paris ? »

Cet agréable moment de la défaite morale de Liliane suggéra à Gabriel un prudent changement de tactique. Elle avait été, en fait, amenée à s'humilier presque, en proposant un retour impromptu. Elle devrait demander des billets d'avion au portier. « Oui, pour ce soir... si c'est possible... » dirait-elle. Le portier se garderait bien de laisser apparaître sur son visage l'ombre d'une expression complice ou désapprobatrice. Pourtant, Liliane souffrirait; dans son monde ouaté d'argent, les gens présumaient ou définissaient si facilement les pensées des autres selon les leurs.

En cas d'échec, allait-il pouvoir, lundi, subtiliser la clef du coffre et retourner à la banque afin d'y reporter l'argent ?

Quand Liliane apprendrait, lors de sa prochaine visite à la banque, qu'il y était allé deux fois – sa signature serait la preuve irréfutable – il ferait un aveu faux et violent. Il essaierait de la convaincre qu'il avait obéi à un ordre intérieur.

Liliane adorait les ordres intérieurs... N'évoquait-elle pas souvent le comment et le pourquoi de certaines de ses décisions qu'elle avait prises grâce à la voix mystique qui l'avait guidée ? Elle semblait avoir tout un état-major invisible dans son âme en labyrinthe ! Selon sa version, il aurait, lui, à son tour, obéi à une telle force intime. Poussé par une jalousie morbide, il se serait senti poussé irrésistiblement à vouloir brûler, les ayant prises, les lettres d'amour de Liliane. Il les aurait pourtant rapportées à la banque; il aurait eu peur de faire trop de mal à Liliane... L'argument valait peu; c'était mieux que rien...

Gabriel en fut soudain apaisé, et, sur la terrasse qui dominait Monte-Carlo, le soleil lui sembla complice. Un petit vent aimable apportait en vagues des mesures d'une mélodie légère.

Avec les quarante millions volés, il pourrait participer à la production d'un film de petit budget et obtenir enfin le rôle qui le lancerait. Après la mort de Liliane, il devrait pourtant patienter un temps et même recommencer à mendier l'espoir d'un engagement chez les producteurs pour ne pas laisser entamer rétrospectivement son alibi moral.

Il restait encore l'hypothèse peu vraisemblable d'un mariage. Il n'y avait pas de vol entre époux...

« Si tu pouvais me répondre! s'exclama Liliane. L'œil vague, le regard perdu, le verre de rosé à la main, on te croirait ivre. Je t'ai posé une question; tu ne me réponds même pas....

— Pardonne-moi », dit-il, très poli.

En effet, il n'avait plus pensé à son verre. Il le déposa délicatement.

Il n'aurait pas pu supporter de devoir se faire à lui-même le reproche, après, d'avoir négligé ou repoussé, éventuellement, une solution paisible en ce qui concernait la vie de Liliane. Il tenait à l'argent, mais pas forcément au meurtre. L'idée de la prison le remplissait d'angoisse.

« Pardonne-moi, continua-t-il. J'ai eu des remords. Je suis insupportable... Je ne mérite rien. Je suis pire qu'un chat de gouttière affamé; je griffe pour le plaisir...

– Vous prenez un fromage? demanda un garçon dont le regard vide changeait le visage en une sorte de masque.

– Oui, dit Gabriel.

– Non, dit Liliane.

– Si, si, insista Gabriel. Pour madame, aussi, un brie. Ne veux-tu pas un brie?

– Comme tu es gentil », fit-elle.

Elle rendait grâces à ses lunettes de soleil. Elle avait dû avoir, une minute, les yeux embués de larmes.

« Deux fromages », dit le garçon.

« J'ai voulu te blesser, dit-il. C'est aussi bête que ça... Comme un gosse qui a envie de casser une vitre... Marié avec toi, je me sentirais moins pensionnaire de la Société protectrice des animaux le soir de Noël... J'aimerais t'épouser, lança-t-il à tout hasard.

– Plutôt mourir! » répliqua-t-elle sans un instant d'hésitation.

« Si elle préfère mourir, pensa Gabriel, elle mourra. Surtout, il ne faut pas la contrarier... Madame veut mourir? Qu'elle meure... »

« Je crois que je n'ai rien à ajouter. Quand on préfère la mort à un homme, c'est qu'on aime la mort ou qu'on déteste l'homme.

– Ou bien c'est son âge qu'on hait, dit Liliane. Je hais mon âge et le tien aussi. Par moments, j'éprouve une sorte d'aversion pour tes parents qui t'ont eu si tard.

– C'est encore une chance qu'ils aient eu, même tard, un garçon et non pas une fille. Moi, en Gabrielle... tu ne trouves pas que c'est drôle ? »

Elle prit étonnamment bien la boutade méchante.

« Tu as failli être drôle... Viens, on va marcher un peu. »

Gabriel se pencha vers elle.

« Je resterai à Monte-Carlo si tu acceptes de m'obéir. Dès maintenant, veux-tu, je commande. Je paie le déjeuner; exploit rare, mais tu vois, tout arrive... Nous rentrerons après à l'hôtel. Nous serons moins distingués que d'habitude peut-être. On va boire du champagne ! »

Elle jeta un coup d'œil à sa montre :

« A quinze heures trente ?

– Non, madame, à seize heures... Je vais bouleverser ton âme de chef de gare quand je te dirai que, pour aller à l'hôtel, prendre l'ascenseur, monter dans mon somptueux appartement et commander le champagne, cela nécessitera approximativement vingt-neuf minutes et trente secondes. Après, si tu veux, on jouera à l'été. C'est mon jeu préféré... Il est facile, surtout ici... Il fait naturellement chaud dehors. J'ai déjà joué à l'été le 13 octobre à Villejuif; ce n'était pas très aisé... dans une chambre de bonne, avec un petit chauffage électrique... J'ai pourtant réussi.

– Jouer à l'été, c'est quoi? demanda Liliane.

– S'aimer, dit-il. Croire qu'on est au bord de la mer dans une chambre dont les volets sont fermés. Une chaleur torride t'oblige à être nue, et, dans l'obscurité tendre, on joue à l'été... C'est tout...

– C'est tout?

– Il faut un partenaire, dit-il.

– Un? » demanda-t-elle.

Il répondit en s'abandonnant à un large sourire :

« Hypocrite, va!... Tu te renseignes... Tu dois être délicieuse, anéantie. Mais quelle tâche de t'anéantir!... Tu ne me connais d'ailleurs pas. C'est dommage; je suis un type très intéressant. Mais, avec toi, c'est Gabriel-Guignol : « Gabriel, veux-tu venir?
« Gabriel, veux-tu t'en aller? Tu peux fumer,
« Gabriel. Si tu pouvais ne plus fumer,
« Gabriel, comme tu serais gentil. Ne sois
« pas si sauvage, Gabriel. Ce soir, tu n'es pas
« du tout sauvage, Gabriel. »

Elle se mit à sourire. Les lunettes de soleil recouvraient la moitié de son visage.

« Je regrette, dit-elle, je n'ai rien d'une fille publique. Je suis même assez pudique. Toute jeune, j'avais des crises de pudeur comme on a des angines.

– Je n'ai rien d'un proxénète non plus. Pas encore... Mais si tu ne veux pas m'obéir un seul petit après-midi, dans ce cas, il vaut mieux que nous reprenions l'avion dès ce soir. Ecoute... Je voudais t'avoir une fois à ma manière, à mon rythme... t'avoir, en quelque sorte, à ma merci.

– En tout cas, on n'ira pas au casino, dit-elle, sans conviction. Tu es si capricieux, Gabriel... Comme une femme !

– Oh ! tu sais, dit-il, à cause de toi, je ne suis plus grand-chose. Si tu ôtes la féminité, il ne reste de la femme qu'une vieille carcasse. Si tu blesses l'amour-propre d'un mâle, il ne reste, à la place, que de la haine. Compare donc les deux ! Imagine cet affrontement : la haine et la vieille carcasse. Tu ne trouves pas l'image troublante ? »

Déjà en partant, il changea d'allure. Ses gestes devinrent plus rapides et ses pas plus souples. A l'hôtel, il alla demander lui-même au portier, à la réception, leurs deux clefs. Il prit joyeusement Liliane par la main et il l'entraîna vers l'ascenseur comme s'ils devaient commencer une partie de cache-cache. Le liftier attachait son regard au bouton sur lequel il venait d'appuyer. Gabriel voulut embrasser Liliane. Elle se dégagea et désigna l'homme de la tête.

« Et alors ? dit Gabriel. Tu récidives ? Haut les mains ! On joue à l'été. »

Elle lui laissa délicatement ses lèvres pour ne pas le contredire. Elle trouvait assez stupide l'idée de s'embrasser dans un ascenseur.

« Commandez au garçon d'étage, répondit au téléphone une voix suave.

– Tu vas voir la tête du garçon d'étage, s'exclama Gabriel en raccrochant l'écouteur, quand je lui dirai la commande ! »

Il sonna. Presque aussitôt, on frappa à la porte et le garçon se présenta. Liliane s'attardait devant la porte-fenêtre de la terrasse. Exprès, elle leur tournait le dos.

« Apportez deux bouteilles de champagne, dit Gabriel.

– De quelle marque ? » demanda le garçon sans sourciller.

Et il lui passa la carte des vins.

« Le meilleur champagne... fit Gabriel, sans y jeter un coup d'œil. Je voudrais le meilleur.

– Le meilleur pour l'un, monsieur, peut ne l'être pas pour l'autre, dit le garçon. Il y a une question de goût qui intervient dans le choix, monsieur... »

Sans se retourner, Liliane prononça le nom d'une marque. Le garçon reconnut instantanément la voix d'une habituée des lieux.

« Oui, madame... tout de suite...

— Tu vas les vider seule, dit Gabriel quand la porte se fut refermée sur le garçon. Tes sales bouteilles de parvenue, tu vas les vider seule... Quand je dis le meilleur, c'est...

— Ne m'injurie pas. Le garçon n'avait pas tort. Tu es enragé... Je préfère aller chez le coiffeur. »

S'il avait pu la tuer juste maintenant, il aurait eu tout son après-midi pour lui seul. Il aurait été si heureux de savoir Liliane morte qu'il se serait peut-être présenté, dans sa joie — ne fût-ce que pour le plaisir d'en parler — à la police monégasque. Il se serait dénoncé. « Oui, messieurs, comme je vous le dis : à cause d'une marque de champagne... oui... Je l'ai tuée parce qu'elle savait un nom que j'ignorais... C'est un crime passionnel, messieurs, la passion du vocabulaire. Non, je ne suis pas fou... Si vous ne me croyez pas, déplacez-vous donc, venez la voir. Elle se trouve, actuellement, dans mon appartement. Elle est très docile; elle est couchée par terre, les yeux grand ouverts, et elle paraît contempler un mélange de tons inhabituel, tissé de vert et de jaune. Vivante, elle aurait trouvé le tapis un peu vif de couleurs... C'était une femme de goût... »

Le garçon introduisit dans la chambre une élégante table roulante. Sur cette table, couverte d'une nappe en dentelle, se trouvaient deux bouteilles plantées dans deux seaux à champagne.

« Nous les ouvrirons nous-mêmes, prononça Liliane, que la scène avait éprouvée. Merci... Laissez-les telles qu'elles sont, ces bouteilles... On n'y touchera peut-être même pas... Je vous remercie... Vous pouvez partir... »

Elle attendit que le garçon se fût éloigné. Puis elle se tourna vers Gabriel :

« Je te laisse à ton débit de boissons et je vais chez le coiffeur. »

Lui, il aurait voulu baisser le store. Il s'attaqua aux deux côtés lisses de la fenêtre qui gardèrent précieusement leur secret. Liliane le laissa chercher. Ce n'est qu'après un moment qu'elle intervint :

« Mais non... regarde... »

Elle alla vers une des tables de chevet, trouva un bouton caché, le poussa et le store se mit à se baisser seul.

« Tiens, dit-il, on dirait une guillotine au ralenti.

– Non, fit-elle; simplement le culte de la paresse... Ici, quand on se réveille, il suffit d'appuyer sur ce bouton, là, tu vois – regarde donc –, près du téléphone, et le store se met en mouvement sur commande. »

Comment aurait-elle pu ignorer un détail de ce genre, même infime? Elle savait tout.

Etait-ce vraiment sûr qu'elle ne sût pas sa mort proche ? Il faudrait peut-être, par simple précaution, qu'il la mette au courant. Elle pourrait ainsi proposer certaines améliorations ou attirer son attention sur les points faibles de son projet... L'idée-éclair née de son désespoir le fit sourire. Ils étaient si loin, l'un et l'autre, de toute passion.

« On ne va plus jamais jouer à l'été », dit Gabriel, tristement.

Il avait l'air d'un gamin qu'on aurait privé de cinéma.

« Mais si, admit-elle, conciliante. Je suis là, à ta disposition. Si tu veux... Je joue... »

Elle fit semblant de cacher son ennui.

Le store descendait encore. Pauvre vieillard en promenade, il se traînait et il émettait de petits sons gémissants. Gabriel n'avait jamais rien vu de plus ridicule que ce store-escargot qui, en agonisant, cacherait bientôt le paysage.

« Déshabille-toi », dit-il.

Elle jeta un coup d'œil inquiet sur lui et se dirigea dans la direction de la salle de bain.

« Non... Reste... Ici... »

Elle s'arrêta net et attendit.

Il fallait entamer cette perfection blanche qu'elle portait, il fallait l'entamer dans le dos, là où un boutonnage compliqué descendait jusqu'à sa taille.

Gabriel, d'un geste sec, dénoua sa cravate et la défit complètement.

« Je me déshabille ici, tu vois... Se déshabiller ensemble, tu ne trouves pas que c'est déjà une sorte de prélude à l'amour ? »

Elle avait déjà réussi à détacher sa robe bouton par bouton.

« Une vraie femme-serpent, pensa Gabriel. On pourrait gagner une fortune avec elle, au cirque. Elle aurait pu se tortiller pour attraper les boutons, se contorsionner, devenir rose d'effort, faire des grimaces, et, avant de crier au secours, s'avouer vaincue... » Non. Bien plus, au lieu d'un désarroi quelconque, c'est sa combinaison en soie naturelle bordée d'une merveilleuse dentelle qui apparut. Elle semblait ainsi plus habillée encore qu'auparavant !

Gabriel, lui, n'avait même plus ses chaussettes.

En sifflotant faux, il ouvrit délicatement la première bouteille de champagne.

« Et toi ? demanda-t-il. Tu ne continues pas ? Pourtant, la chaleur appelle le jeu... Il fait chaud dehors. Suis mon exemple... Tu n'étais pas si frileuse d'habitude. »

Elle luttait contre un malaise grandissant. Elle ne trouvait pas la chambre chaude; au contraire, elle frissonnait.

L'écume blanche du champagne se déversa en un flot violent sur la nappe.

« Mal élevée, dit Gabriel en s'adressant à la bouteille. On ne crache pas sur une nappe quand on est invité... »

Il vint auprès de Liliane :

« Tu aimes le champagne ? »

Elle fit un pas en arrière, comme pour éviter une gifle.

« A son heure, oui...

– Je n'ai pas consulté l'indicateur du chemin de fer, dit-il. Je ne me suis pas renseigné sur l'heure exacte du champagne. Je te propose en tout cas un bouleversement d'horaire. »

Et, soudain presque triste, il ajouta :

« Je ne jouerai jamais à l'été avec toi... »

Elle aurait voulu pouvoir être prise par le jeu, par l'atmosphère qu'aurait aimé créer Gabriel. Mais il lui semblait que chacun de ses gestes, que chacun de ses mots, comme s'il avait traîné une lourde malchance derrière lui, avaient fait surgir en elle une multitude d'objections.

Dévêtu, dans cette douce pénombre, un verre de champagne à la main, fatigué de ses vaines tentatives de domination, Gabriel semblait vulnérable, à la limite du ridicule. Sa gravité, ses efforts désespérés pour s'imposer gênaient Liliane.

Elle se sentait étrangère à ce petit érotisme de quatre sous qu'elle jugeait indigne d'elle.

Muette, elle se dirigea vers la salle de bain. Elle passa à côté de Gabriel et prit soin de s'écarter de lui. Elle rapporta la robe de chambre en soie qu'elle lui avait un jour offerte, et la lui tendit :

« Mets-la, chéri, dit-elle, comme on parle à un malade. Mets-la... Je m'excuse, mais je ne peux pas jouer à l'été. »

Il déposa le verre, enfila sa robe de chambre, en noua la ceinture. Il chercha, alors, une cigarette dans la poche de sa veste. Il prit aussi son briquet, le fit fonctionner et se laissa tomber dans un fauteuil, en fumant, choqué, épuisé, comme après un accident, et il contempla Liliane.

Elle venait de reboutonner sa robe blanche.

« Cinq, dit-elle... cinq boutons... Ce n'est pas toujours commode, dans le dos... Tu ne m'en veux pas, j'espère ? Il ne faut jamais se forcer... Cela m'était vraiment impossible. L'érotisme est un art et non pas une bande dessinée. J'aurais joué à l'été si je n'avais pas eu la certitude que tu jouerais tellement mieux avec la fille de Saint-Tropez... Moi, je ne pourrai jamais manger un camembert torse nu... ni habillée, d'ailleurs... Tiens, le cendrier... Tu m'en veux, n'est-ce pas ? Tu sais, l'érotisme des non-pratiquants est souvent rebutant. Je te le répète : c'est un art, et il faut s'y consacrer. Le travail d'amateur dans ce domaine n'est qu'une bête petite dépravation... si petite et si bête... une sorte d'enfantillage interdit. Le comprends-tu, mon chéri ?

— Mais oui, dit-il. Je regrette seulement d'avoir raté tes cours précédents. Un vrai professeur ! Une femme en chaire... hélas ! surtout en os. Je te recruterai des élèves. Dis-moi l'adresse où on peut s'inscrire. »

Il se leva et s'étonna de si bien se contenir.

« Bonheur ! Nous allons ranger, ma petite Liliane... vider le cendrier. Oh ! non, pas là... pas dans la corbeille à papier... non... sacrilège. Viens... Rangeons... »

Il prit les deux bouteilles de champagne et les porta à la salle de bain pour déverser leur contenu dans le lavabo.

« Voilà, dit-il. Moi... »

Il se retourna vers Liliane.

« Moi, je déteste le champagne le soir aussi, parce que, si j'en bois, j'ai la nausée le lendemain. J'ai une constitution trop raffinée pour une boisson aussi vulgaire. »

Elle l'écoutait à peine, heureuse de voir la difficulté surmontée. Elle se regarda attentivement dans une des grandes glaces de la salle de bain.

« Je suis affreuse », dit-elle d'une voix très naturelle.

Elle toucha à ses cheveux.

« On voit mes racines... J'ai besoin d'une teinture... d'être coiffée, de m'abandonner à un soin de beauté et... si je pouvais convoquer un masseur... si le merveilleux portier pouvait me trouver un masseur... D'ailleurs, il ne serait merveilleux que s'il pouvait me trouver un masseur. Ici, Gabriel, c'est le paradis des femmes de luxe.

– Et des hommes au rabais, coupa-t-il.

– Tu m'en veux, se plaignit-elle. Que veux-tu ? J'aime pourtant les jeux de glaces, mais seulement avec des miroirs vénitiens. J'avais peur, tout à l'heure, de me sentir moi-même ridicule...

– Un jour, dit-il, on va t'avoir, Liliane ! Quelqu'un t'aura, ou quelque chose...

– C'est possible, chéri. Tout n'est qu'une question de destin. Que veux-tu ? répéta-t-elle... Je n'avais pas envie de sentir le champagne. Je reconnais que, au moment même, quand on le verse sur la peau, le champagne provoque une sensation délicieuse. Mais, après, on se défait difficilement de l'odeur. On a l'impression d'être enfermé dans une cave en la seule compagnie des tonneaux.

– De quoi parles-tu ? demanda-t-il, ahuri.

– D'un autre jeu... pas de société. A tout à l'heure... »

Elle l'embrassa sur les lèvres, légèrement, et quitta l'appartement.

« J'ai une maladie mortelle, pensa-t-elle plus tard, dans l'ascenseur : une volonté aggravée par une discipline compliquée. J'en mourrai, c'est sûr... Mais, au moins, je l'espère, élégamment. »

IX

« VEUX-TU que dans un quart d'heure nous nous retrouvions dans le hall? » suggéra Liliane au téléphone.

Il jeta un coup d'œil sur sa montre; il était huit heures.

« Je ferai l'effort de te prendre, parce que, dit-il, tu n'habites pas loin. »

Elle étouffa un rire.

« Non, je préfère te retrouver en bas. Je ne voudrais pas que nous nous rencontrions dans l'ascenseur. Je partirai quelques instants avant toi; moi, à 10 et toi, à 15. D'accord?

– Tu as mis l'aiguillage? ironisa-t-il.

– Et toi, ton smoking?

– Oui, madame. Je suis présentable... tout à fait propre... Je gratte le parquet avec le pied droit quand j'ai besoin de sortir...

– Si tu pouvais être moins bête! »

Elle riait au téléphone.

« Tes plaisanteries de lycéen attardé...

Alors, mon chéri, dans quinze minutes en bas. N'oublie pas ta carte d'identité.

– Il y aura une rafle dans l'hôtel ? »

Elle s'exclama :

« Il faut tout prévoir, dans la vie. »

« La carte d'identité ! pensa-t-il, tout en raccrochant. Elle devient vicieuse. Elle se défend, mais elle fait miroiter l'espoir d'une éventuelle soirée au casino. Eh bien, je l'y amènerai à tout prix. »

Il avait passé tout son après-midi perdu dans des calculs compliqués. Tantôt, il achetait un élégant studio avec une grande terrasse, dans le XVIe. Tantôt, il finançait un film. Par instants, il trouvait que ces quarante millions n'étaient presque pas suffisants au regard de ses ambitions. « On va serrer un peu le budget », se disait-il en redressant son nœud de cravate qui avait une fâcheuse tendance à s'affaisser d'un côté. « Quarante millions, ce n'est pas le Pérou, ce n'en est que la frontière !... »

Depuis ces moments, dans son esprit, Liliane était définitivement morte. Elle se tuerait vers trois heures, à l'aube. Aurait-il le temps, dans le dernier regard de Liliane, de déceler enfin un étonnement ? Secrètement, il ne lui aurait pas refusé une agonie de quelques minutes, juste suffisante pour la tenir au courant de ses projets... Un ange fort distingué la recevrait ensuite dans l'au-delà. Un détail l'irritait pourtant : Liliane serait privée d'enterrement religieux. « Ce n'est pas juste, se disait-il. Elle qui est si croyante... Enfin, on ne peut pas tout avoir, dans la vie... »

Meurtri de trop d'humiliations, la tête froide, il avait pu préciser son plan, durant ces quelques heures, jusqu'au plus infime détail. Rien, dans son esprit, n'avait été laissé au hasard. Il fallait seulement franchir le seuil du casino et écarter le plus monumental des obstacles, la résistance de Liliane qui refuserait jusqu'au dernier instant l'idée même du jeu. « Je l'y amènerai pourtant... se répétait-il, et vivante... »

Avant de connaître Liliane, Gabriel avait vécu dans la cage hermétiquement fermée de la race des impurs, celle des « sans relations », des « quémandeurs ». Grâce à Liliane, il avait changé de cage. Il en avait une au premier rang, plus confortable, avec vue sur une chaîne d'illusions. Ces montagnes d'illusions, ces faux Stromboli d'élans avortés s'écroulaient les uns après les autres. De la cage, il contemplait une plaine sordide, marécageuse, où se promenaient Vraz, le producteur, Mira, le metteur en scène d'avant-garde et, tiens... aussi l'imprésario de Liliane. Celui-ci avait même sa place d'honneur dans le triste cirque.

« Tu as besoin d'un agent, avait dit un jour Liliane, un vrai imprésario. – Qu'à cela ne tienne, avait-il répondu, encore à l'époque tout joyeux. Je serai ravi si tu veux bien faire représenter mes intérêts précieux. »

Mais les agents ne voulaient guère de l'inconnu. Alors que Liliane elle-même avait des difficultés pour se faire engager au cinéma, cela n'était pas étonnant. L'imprésario de Liliane, pourtant, avait accepté Gabriel et lui avait dit :

« Voici mon système. Je l'utilise surtout quand il s'agit d'un ami. L'ami de Liliane Berg est mon ami aussi... »

Gabriel ne s'était pas senti particulièrement honoré. Il avait avalé sa salive. Cette contraction musculaire avait fait un petit bruit gênant. Brûlant d'espoir, il désirait ardemment connaître le secret d'un système qui pourrait le conduire au succès.

« On me demande une grosse tête... une grosse tête d'affiche, avait continué l'agent. Je la promets et je réclame un prix exorbitant. J'évoque les difficultés que représente l'entreprise. J'explique que le grand Il ou la grande Elle ne souhaite pas tourner actuellement : fatigue ou débordement de vie sentimentale, peu importe... Aussi bien Lui qu'Elle ne lisent jamais : vous ne me croyez pas, vous ? C'est la vérité. J'explique donc au producteur que je lui raconterai, à lui ou à elle, le scénario à l'oreille. Avant, évidemment, je me serai fait raconter à moi-même... En cas de contrat signé, ce qui sera dû uniquement à mon influence personnelle, je demanderai, j'exigerai du producteur un rôle secondaire, pas trop important mais bien en relief, pour un de mes poulains. Le poulain est toujours au prix du preneur... mais il faut le prendre. Je les obligerai, mon vieux. Il faut avoir un pied dans l'engrenage, même si ce pied est à l'œil... Aucune importance. Votre métier est proche de celui des diplomates; au début, il faut avoir l'argent de papa ou de maman, n'importe... C'est un métier qui demande une incontestable mise de fonds. Vous êtes tenu d'avoir la chemise impeccable, le smoking dernier cri, et, aussi, mon vieux, indispensable : le bronzage des sports d'hiver. Je ne sais pas comment insister sur ce fait : n'arrivez jamais blême, fin février, à un gala; ce serait une catastrophe pour votre avenir... Il faut même vous promener plutôt avec un air dégoûté, comme si tout était vicié à Paris : « Paris est sale et noir après la montagne... » Etre bronzé à l'extrême, c'est clair, non ?

« Aussi, ce qui est fatigant, dans votre métier, c'est d'être toujours présent et, pourtant, de ne jamais rien demander à personne, je veux dire ouvertement... Les additions...

voyons... non... Je n'irai pas jusque-là. Le futur jeune premier ne paie jamais au restaurant, sauf par dérision ou par malchance, ou s'il est entraîné sur une pente dangereuse par ses sentiments. Il est invité, le jeune premier, parce qu'il est décoratif. Que je vous regarde un instant... Tournez vers moi votre profil... Non... le gauche... Tournez la tête... Là, encore... Arrêtez... Je dirai que vous avez un charme sauvage. Ça vous va ? Attendez... je vais marquer sur votre fiche... Un instant... Où sont mes lunettes ? Un instant... Je n'existe pas sans mes fiches; je n'ai pas de mémoire. Voilà... Vanner... charme sauvage... Vous êtes paré avec Mme Berg, même si vous avez eu de naissance un budget rétréci. »

Parlait-il de vessie ou de porte-monnaie, d'argent ou d'une tare héréditaire ?

« Mme Berg, avait continué l'imprésario, elle est sublime. Dieu sait qu'elle a pu rester belle... Pourtant, depuis le temps... J'ai fait son premier contrat; heureusement, amnésique, j'en ai oublié la date... Alors, quand la télévision nous refile de vieux films et qu'on les revoit, ces monstres sacrés, aussi jeunes que de tendres biches... Enfin... Ce sont les risques du métier. Elle ne tourne plus beaucoup, mais elle a sa cote, et quelle cote ! Vous ne me ferez pas dire le contraire. Même si elle renonçait au cinéma par fatigue, même si elle ne tournait plus jamais, elle a de quoi ne rien faire pendant toute sa vie. Cette blonde aristocratique est une redoutable femme d'affaires. Elle a un de ces flairs, mon vieux !... Un flair en or... Le jeu ? Vous me direz que le jeu l'a abîmée... Oui... Un peu... si peu... Elle a su s'arrêter. Vous avez ici vos photos en couleurs ? »

Gabriel lui avait tendu l'enveloppe. L'agent en avait sorti quelques photos. L'air soucieux, il les avait contemplées.

« On dirait que la couleur vous épaissit un peu les traits, non ? Ce n'est peut-être qu'une idée. Mon ami, je ferai de mon mieux; faites-moi confiance. J'ai bien l'intention de m'enrichir sur votre dos et de prendre, ensuite, ma retraite. D'accord ? Je vous appellerai : j'ai votre numéro. C'est le même, n'est-ce pas, que celui de Mme Berg ?... »

Il ne l'avait jamais appelé.

Dans le grand hall-salon de l'hôtel, quand il avança à la rencontre de Liliane, celle-ci était si belle qu'il fut saisi d'un double sentiment de peur et d'admiration. En l'attendant, elle avait posé son manteau de renard blanc et s'appuyait sur le dossier haut d'un fauteuil.

Elle était vêtue d'une robe toute blanche, irisée comme de la nacre. Le tissu était presque abstrait, dans son raffinement, tant il était parsemé d'innombrables et minuscules pierres scintillantes formant des motifs qui semblaient puiser la diversité même de leurs couleurs dans le registre subtilement étendu des blancs. Il y avait le blanc violent des neiges, le blanc bleuté, le blanc rosé, un blanc qui sombrait dans le vert, un blanc cuivré aux reflets jaunes et un blanc qui s'engageait presque vers le violet. Liliane portait avec grâce cet arc-en-ciel rêvé sur mesure par un couturier poète.

Elle lui tendit la main comme s'ils se voyaient pour la première fois.

« Bonsoir. »

Et la manche de sa robe, délicatement tissée de pierres, elle aussi, glissa un peu pour découvrir à peine un fin bracelet en diamants.

Lisses sous un délicat maquillage romantique, les traits de Liliane paraissaient jeunes. La robe fermée, le chignon d'une simplicité savante – à peine quelques lourdes boucles tendres s'accumulaient-elles en un délicieux désordre derrière de petites oreilles, ornées de plates et discrètes boucles d'oreilles également en diamants – elle attendait son compliment.

« Tu es belle », fit-il.

Il était, pendant un instant fugitif, fier d'être avec elle, comme aux débuts de leur liaison.

« J'ai désiré être belle ce soir, dit-elle. J'avais un besoin immense d'être admirée. Tu sais que j'aime les compliments... je l'avoue. Je voulais être belle, ce soir, sans raison. »

« Si, pensa Gabriel – et son cœur battait plus fort – si, il y avait une raison. Peut-être avait-elle pressenti sa mort... peut-être avait-elle voulu défier inconsciemment le danger... Pourquoi se montrait-elle si indestructiblement belle et sûre d'elle-même ? » Il eut un frisson. « Si Liliane savait... » Il chassa l'idée; elle revint, tenace. « Jusqu'à quel point pouvait-elle être sensible aux événements futurs qui la concernaient ou la menaçaient ? Où était, chez elle, la limite du conscient et de l'inconscient ? » Il se recommanda une prudence extrême.

« J'ai déjà fait réserver une table à la salle à manger », indiqua-t-elle.

Le contraire l'eût étonné.

Dans l'immense et morne salle à manger, il la regarda.

« C'est dommage de n'être belle que pour des spectres.

– Tu es là aussi, non ? » répliqua-t-elle.

Ses yeux brillaient.

Il avait failli rougir. Il détourna la tête. Il était humainement impossible qu'elle sût la disparition de l'argent. Pourquoi, alors, ce regard malicieux, brillant, aigu ? Etait-ce seulement un jeu ? Evidemment, ce n'était qu'un jeu.

Autour d'eux, des gens d'un certain âge mangeaient délicatement comme de vieux chats édentés qui auraient été choyés fidèlement par leurs maîtres.

« Une grillade, dit Gabriel au maître d'hôtel. Et une bouteille d'eau... Ah ! hélas !... je commence à perdre la mémoire; je ne me souviens plus du nom de celle qu'on boit quand on a de l'arthrite... arthrite déformante... »

Le maître d'hôtel, impassible, fit courir son crayon sur son bloc.

« Je voudrais, dit Liliane, d'une voix claire, des grenouilles sautées à la provençale et un beaujolais. Faites choisir par le sommelier, je lui fais confiance : un beaujolais jeune, vigoureux et fruité. »

Elle fit un clin d'œil complice à Gabriel qui voulait dire : « Je vais t'avoir de nouveau. »

« Et pour commencer ? demanda le maître d'hôtel.

— Un pamplemousse, lança Gabriel, sans sel et sans sucre. »

Un rire inattendu monta lentement en lui.

« Pour moi, un pâté de lapin avec des cornichons, ajouta Liliane.

– Etes-vous sûr, demanda Gabriel au garçon, d'avoir un vin jeune et vigoureux comme a demandé Madame? Nous ne voudrions, en aucun cas, d'un « Châteaux-Margaux » trop vieux, en chaise roulante... »

Choqué, le maître d'hôtel s'éloigna.

Un vieillard qui, jusqu'ici, leur avait tourné le dos et qui avait dû, forcément, les entendre, tourmenté par la curiosité, chercha à se retourner pour les apercevoir. Assez raide, le cou paralysé par un torticolis chronique, il ne put faire demi-tour. Il déplaça donc toute sa chaise et, la tête immobile, les yeux fixes, les contempla à son aise. Sa serviette tomba par terre. Deux garçons se précipitèrent, l'un pour la ramasser et l'autre pour lui en donner une nouvelle.

Liliane riait. Elle tenait sa serviette devant elle. De plus en plus rose, les yeux affolés de gaieté inattendue, elle riait. Ses fines épaules couvertes de tissu parsemé de pierres tremblaient; les boucles de son chignon, entraînées par ce courant irrésistible, tremblaient à leur tour.

« Je vais mourir, suffoqua-t-elle... mourir de rire. »

« Ce serait trop beau », pensa Gabriel. Et il rit aussi.

« C'est la première fois que je dîne dans une crypte, reprit-il.

– Tu es d'un morbide! s'exclama-t-elle, rayonnante. Tout ce qui est riche n'est pas forcément vieux, mon chéri. Tu as des idées fixes...

– Toi aussi.

– Moi?

– Oui. Tu es obsédée par l'idée qu'au casino tu dois perdre. Pourquoi? La chance peut tourner.

– Je vais te choquer, dit-elle, te choquer profondément; je t'en demande pardon à l'avance. Mais je perdrais avec un certain plaisir... Jusqu'ici, j'étais aimée, donc je n'avais pas de chance au jeu...

– Ce soir aussi tu pourrais t'offrir ce plaisir. Je t'aime... donc, tu perdras! Tu perdras à ton aise... folle de joie... Je t'aime si fort que tu te ruineras. Serais-tu contente? »

Elle but un peu de beaujolais. La bouteille était à peine entamée.

« Je n'en suis pas sûre, répondit-elle. Je ne voudrais pas avoir la preuve que tu ne m'aimes pas.

– Mais, dit-il, tu n'as pas la preuve du contraire non plus. Depuis quand préfères-tu l'incertitude à une vérité ? Parce que tu es superstitieuse à un point tel que cela relève des symptômes d'une maladie mentale. Décide-toi... De quoi as-tu peur le plus : de Dieu ou d'une échelle mal mise ? Liliane... Païenne, va !... Et elle se dit croyante !... Sacrifie aux rites... Et remonte jusqu'à la source de ta vérité. Moi, je n'ai rien à craindre ; je ne jouerai pas.

— Tu joues un autre jeu », dit-elle, soudain attristée.

Alors, Gabriel, sur ses gardes :

« De quel jeu parles-tu ?

— De tes petits mensonges...

— Je ne mens pas, fit-il, soulagé. Tu sais, Liliane, pour rester sur le plan du rationnel, je suis si sûr de mes sentiments que je puis affronter n'importe quel jeu de vérité sans crainte de revenir sur mes positions. Grâce à toi, j'ai eu tout l'après-midi pour réfléchir.

— M'aimes-tu ? » demanda-t-elle.

Plusieurs garçons les regardèrent.

Subjugué, luttant contre un poids invisible qui pesait sur lui et qui l'aurait incité à dire la vérité, il s'esquiva, à l'extrême limite d'une erreur verbale.

« Oui et non, et non et oui. Mon amour dépend entièrement de toi.

— C'est tragique, dit-elle. Quand tu m'aimes, j'aime donc moi-même ? Tu vois... Je préférerais plutôt être injuriée.

– Qu'à cela ne tienne, dit-il. Tu étais odieuse, cet après-midi, abominable...

– Merci, dit-elle, je le sais. »

X

LILIANE se retourna vers lui.

« Ta carte d'identité. »

Pendant qu'il la sortait de son portefeuille, Liliane souriait à l'inspecteur des jeux qui se tenait derrière une sorte de comptoir, dans le hall du casino.

« La voilà. »

Il la tendit à l'employé et, soudain, un vertige le prit au dépourvu. Il lui sembla être bousculé sur une immense patinoire où, même à quatre pattes, il perdrait l'équilibre. Au cours de cette rapide crise de terreur, il eut la pénible impression de n'être qu'un individu dérisoire à côté de Liliane. Il avait savamment calculé l'angle de tir, cet après-midi, mais quand il affronterait Liliane, quand le regard de celle-ci se poserait sur lui, aurait-il la force d'appuyer sur la détente ? N'allait-elle pas l'arrêter et dire, avec un sourire : « Le cran d'arrêt, mon chéri... tu l'as oublié... Tu n'as vraiment pas l'habitude de tuer... »

Gabriel ne connaissait des salles de jeux que ce qu'il appelait « l'escalier de service des passions, l'entrée des domestiques », la boule. A Paris, peu après avoir trouvé le revolver de Liliane, il avait consulté le Larousse et avait lu le passage qui l'intéressait le plus, qui concernait la roulette. Des phrases lues lui revenaient par bribes. « Le jeu de roulette se compose d'un cylindre en forme de cuvette... Les parois sont divisées en trente-sept cases... Ces cases sont alternativement noires et rouges... Le banquier met la roulette en mouvement en actionnant le moulinet de la main gauche tandis que, de la droite, il lance en sens inverse une bille d'ivoire qui, après avoir heurté divers obstacles, s'arrête dans une des cases et désigne ainsi le numéro gagnant... »

L'air apparemment ennuyé, l'âme rancunière, combien de fois il avait attendu déjà, debout devant le jeu, l'atterrissage de la boule qui s'arrêtait toujours sur le numéro porteur des timides jetons de quelqu'un d'autre.

Gabriel et Liliane entrèrent dans une salle immense. Les lustres étaient chargés d'innombrables pendentifs en cristaux d'où jaillissaient des éclats de lumière vers le halo qui paraissait se dégager des tables. Ces lustres semblaient si haut placés que Gabriel se dit :

« Ils sont peut-être attachés à une des voûtes noires du ciel. »

Dans son excitation intérieure, hagard comme dans une grande fièvre, il crut alors perdre le sens des proportions. Il avait si souvent imaginé cette scène qu'il était en train de vivre... Elle avait été si différente dans son esprit...

Il suivait Liliane dont la beauté, la robe, l'allure même, paraissaient ici inexistantes. Hommes et femmes, confondus ensemble, unis par le seul plaisir atrocement fugitif du jeu, n'avaient de regard que pour les tables recouvertes de tapis vert. Hypnotisés, choqués physiquement par les pertes et les profits comme par des accidents successifs, à la limite du malaise, ils essayaient de se rassurer, les uns en se cramponnant au radeau fragile de leur modeste avoir, les autres, en s'appuyant sur des comptes en banque solides, mais pour combien de temps ?

Tout miracle était exclu en ces lieux. Même si Lazare s'était levé et avait marché, tout le monde l'aurait ignoré...

« Pour vingt mille nouveaux francs », dit Liliane.

Elle remplit un chèque, penchant légèrement la tête à droite, muette, formant les chiffres sur ses lèvres, et elle le signa d'un geste las. Elle ne parvint pas tout de suite à détacher la petite feuille rectangulaire qui résistait. Il fallut encore qu'elle la repliât pour la rendre plus souple, plus docile. Elle la sépara enfin de la souche, avec un grand soin, méticuleusement, comme s'il s'était agi d'un timbre rare dont il aurait fallu préserver les bords dentelés.

Elle trouva une place comme par enchantement. Un être sans visage, courbé en deux – « c'était peut-être un homme », se dira plus tard Gabriel en récapitulant les événements de cette soirée – venait de quitter la table. Gabriel fut frappé par son front baigné de sueur. L'inconnu avait le visage sillonné de grosses gouttes dans des cernes mauves qui creusaient, en quelque sorte, des fossés sous l'orbite, et c'était comme si des larmes, sous une pression intérieure inhumaine, étaient ressorties par les pores. Instantanément, Gabriel pensa : « Un corps qui pleure. »

Liliane s'assit légèrement, visiblement sans l'intention de s'installer longtemps, presque au bord de la chaise. Elle posa négligemment ses mains gantées devant elle. Elle se mit à pianoter avec ses doigts.

Le petit jeu de doigts n'avait laissé percevoir aucun bruit. Le mouvement même n'avait attiré l'attention de personne.

Le fin et élégant râteau du croupier, ce râteau presque impertinent dans sa rapidité

– « un objet volubile, pensa Gabriel; si ce râteau parlait pour expliquer pertes et profits, son débit de mots serait effrayant » – continuait régulièrement son va-et-vient.

Gabriel aperçut devant lui la nuque dégagée de Liliane. Elle se teignait les cheveux, mais sa nuque duvetée était sans conteste celle d'une véritable blonde, d'une blonde de naissance. Fines et pâles, les lignes élégantes du cou montaient en courbes douces et disparaissaient, comme une rivière qui choisit la clandestinité souterraine, sous les premières boucles.

Apparemment, c'était la nuque d'une femme jeune, affinée par la succession des générations qui avaient peuplé, derrière elle, des siècles. « Une aristocrate », pensa Gabriel, et il comprit, dans la salle de jeux, la volupté des « Grandes Tricoteuses de l'Histoire », qui, épaisses et rudes, avaient vu tomber avec un infini plaisir tant de têtes bien coiffées, brutalement détachées de cous délicats.

« Dans un autre monde d'idées, se dit-il aussi, les exécutions sordides, des crimes qu'on disait humainement inexplicables, les balles dans la nuque, ont peut-être eu là leur justification. Le « pedigree » agaçant de l'être « supérieur » se situait à la hauteur des yeux et à la nuque. Agaçante, hautaine et provocatrice nuque fragile... »

Liliane se retourna :

« Tu me décoiffes. Tu es un peu maladroit. Attention à tes bras.

– Excuse-moi », dit-il.

Il n'avait pas bougé. Elle n'avait pu sentir sur sa peau que le bouillonnement intérieur de Gabriel...

Liliane disposa en plusieurs petits tas son argent déjà transformé en jetons. Elle chuchota à l'intention de Gabriel :

« Tu n'aurais pas dû... tu sais... Je m'arrêterai quand j'aurai perdu mes deux millions. Je ne perdrai pas un centime de plus. »

Quelqu'un hocha la tête et jeta sur eux un regard désapprobateur. Pendant l'office, le silence est obligatoire.

La voix du croupier égrenait les mots rituels : « Faites vos jeux... rien ne va plus... faites vos jeux... rien ne va plus... »

La première mise de Liliane – deux mille francs – disparut sans que Gabriel ait eu le temps de suivre même le jeu. Liliane, radieuse, s'exclama :

« Ça va aller vite... Tu verras, quand on commence à perdre... »

Une autre mise partit.

« Elle devrait être plus crispée, pensa Gabriel. Les gens se souviendront de son éclatant sourire. »

Gabriel regardait avec un plaisir douloureux la vie de Liliane s'en aller par tranches de deux mille francs. Très calme, il surveillait l'heure. « Il faudrait, pensa-t-il, qu'elle refasse un autre chèque. Elle devrait perdre au moins cinq ou six millions anciens... sinon plus... pour que son suicide soit tout à fait vraisemblable. »

Liliane, s'arrêtant une seconde, lui souffla à l'oreille :

« Tu vois, je t'aime plus que le jeu et tu m'aimes plus que tu ne crois. »

« Une femme si intelligente, songea-t-il, et elle croit à des bêtises aussi puériles, aussi agaçantes !... Heureusement, d'ailleurs, qu'elle a ces failles... Heureusement, pour ce soir. »

« Regarde... Un million d'un seul coup, jubila-t-elle. Et, après, on est libre... »

De sa main gauche encore gantée, elle mit le dernier tas de jetons sur deux numéros à cheval.

Gabriel humecta ses lèvres sèches. « J'ai des lèvres en papier-buvard », pensa-t-il.

La bille, dont le bruit ressemblait à celui d'une très lointaine crécelle, fit un petit saut nerveux et s'arrêta, tremblante, comme secouée par une décharge inattendue.

Liliane vit alors arriver, poussés vers elle par le râteau, une quantité de jetons. Elle devint soudain tendue. Ce n'était plus le jeu, mais l'enjeu... Il n'était plus question d'amour, mais d'amour-propre...

Le visage durci, comme celui d'un pilote de guerre qui, dans l'habitacle de son poste de commandement d'où il voit l'univers en taches bleues et vertes, repère un chasseur ennemi qu'un radar déréglé n'aurait pas signalé et qui concentre toute son attention, sachant que désormais sa vie est en péril, Liliane repoussa des jetons au même endroit. Pour la première fois, le regard du croupier l'effleura, mais aussitôt il sembla retomber dans sa torpeur mécanique apparente.

Le temps parut infiniment long à Gabriel. Dans un bourdonnement, la bille tournait, et dès qu'elle fut arrêtée, le petit râteau dirigea de nouveau avec grâce des millions vers Liliane.

« Non, souffla-t-elle... ce n'est pas possible... je n'en veux pas... »

Elle se tourna vers Gabriel :

« Pourtant, j'avais cru que... »

Elle remit un million sur le 9.

Dans un vertige, Gabriel eut l'impression de vivre un rêve. Il se voulait apparemment impassible. Il voyait s'accumuler une fortune de plus en plus grande devant Liliane. Celle-ci supportait mal sa chance. Elle vieillissait à vue d'œil. Elle ressentait une assez grande douleur dans le dos. Elle imaginait que des mains de fer serraient sa colonne vertébrale. Sa tension montait. Les mâchoires crispées, les yeux brûlants, elle luttait contre la peur qui l'envahissait, la paralysait peu à peu. Chaque fois que des jetons arrivaient dans sa direction, elle regardait Gabriel.

« Vraiment... demanda-t-elle... à ce point ?... Je me serais trompée si fort, si totalement ? »

Une foule silencieuse entourait la table.

Gabriel sentait que sa chemise de smoking lui collait sur le dos.

Liliane se tourna vers lui :

« Es-tu sûr que... »

« Que tu ne m'aimes pas », allait-elle prononcer.

Il l'arrêta :

« Ne sois pas si superstitieuse. Tu peux encore tout perdre. Espère... »

Sa liberté à lui, son avenir, son bonheur étaient, en quelque sorte, étalés sur le tapis vert. Il avait, depuis qu'il existait, vécu en état de dépendance. Il avait été, certes, le prisonnier de sa propre jeunesse : que de rêves et de tourments entre quatorze et vingt ans !... Mais il avait été aussi captif de parents aimables et insupportables, tendres et agaçants. Et puis, quand il avait perdu son père, il était devenu un otage en état de perpétuelle disgrâce, l'otage de sa mère.

Etre le fils d'une veuve, c'est un destin à

part. A peine devient-on un homme, on vous convainc, pour les besoins de la cause, que vous l'êtes depuis longtemps. Pitoyable, imberbe soutien de famille... Maigre conseiller de conflits médiocres, appelé constamment pour chaque clou à planter et pour chaque larme maternelle à essuyer. Consolateur, témoin, victime et héros, afin de cacher son désarroi, il doit sans cesse se redresser pour tenter de supporter mieux le poids de sa jeune vie.

Le fils d'une veuve a une jeunesse à part, une jeunesse qui est comme sous-louée au destin. Même en temps de paix, une jeunesse de guerre. « Pour les riches, pensait Gabriel, c'est évidemment différent. » Pour lui, en tout cas, la jeunesse avait été privée d'insouciance, donc de bonheur. Tout comprendre, tout voir, tout entendre, tout prévoir... Etre indulgent comme un saint, réconfortant comme un chevalier, accepter tout, accepter aussi qu'on vous prenne pour un adulte... Devenir adulte trop tôt... trop tôt... trop tôt...

« Vraiment, tu ne m'aimes pas ? »

Il eût aimé penser le contraire, se mentir à lui-même, conjurer le destin, hurler de rire, se taper sur les cuisses en sanglotant de rire, prononcer des obscénités dans un grand et gai désordre, se moquer de cet argent...

« Non, dit-il, je ne t'aime pas. »

Et il se sentit honnête, illuminé par un éclatant, aveuglant orgueil. Il avait pu être honnête une fois, pour la première fois de sa vie.

« Je ne t'aime pas. »

Il pouvait blesser encore une Liliane submergée par l'argent, étouffée sous lui.

« Je t'en supplie... consacre-moi une seule petite pensée tendre... Au début... au début, tu m'as aimée, non ? »

Il ne répondit pas. Le monde pouvait s'écrouler. Il la tuerait quand même, ne fût-ce que pour le plaisir.

On dirigea de nouveau de l'argent vers Liliane.

« Trente-quatre millions », dit à mi-voix quelqu'un plein de respect.

Elle se leva et fit signe à un employé. Celui-ci ramassa religieusement l'argent, et Liliane, laissant couler ses larmes, l'accompagna jusqu'à la caisse.

« Faites un chèque, dit-elle, et portez-le demain à mon hôtel. Je n'en veux pas ce soir. »

Vraiment, il y avait de quoi rire. La chemise brodée mouillée de sueur, comme un chien de luxe fatigué, il fallait assister, sans la moindre possibilité d'intervenir, à ce passage de tant d'argent de l'un à l'autre. « Un chèque... Laissez-moi rigoler, mesdames et messieurs... Elle refuse l'argent... Distinguée :

elle veut un chèque... » Si elle avait dû rester vivante, elle aurait ainsi presque remplacé les quarante millions qu'il lui avait volés hier, les quarante millions qui dormaient dans le coffret hongrois. « Dommage qu'elle ne connaisse jamais cette ultime boutade du destin ! »

Liliane, du revers de sa main droite, tamponna ses larmes. Elle pleurait les yeux ouverts; elle avait peur de son rimmel.

« Elle se suicidera dans une crise nerveuse, pensa Gabriel. Heureusement, le caissier la voit pleurer. L'éternelle perdante, messieurs! expliquera-t-il. Elle ne pouvait pas supporter le choc d'être soudain gagnante. Un cas psychologique... Et l'avocat reprendrait : rien ne prouve mieux le mal que le jeu fait à l'âme humaine... Même quand on gagne, il tue! »

L'argument du suicide paraissait, par moments, moins plausible. Alors, dans sa plaidoirie continuelle, Gabriel cherchait les bases d'une autre défense, d'une autre explication morale. Personne ne le soupçonnerait en tout cas, personne... On ne tue pas une maîtresse quand elle vient de gagner trente-quatre millions, surtout quand on n'est pas son héritier. « Le chèque ira à l'Etat aussi », pensa Gabriel.

Ils se retrouvèrent devant le casino.

Le visage fatigué, Liliane remonta le col de son manteau.

« Viens, dit Gabriel, tu es commotionnée. Encore plus riche, tu pleures !... Allons, il faut que je te console. L'argent ne te donne pas soif ?

– Si, dit-elle, j'ai soif. »

Gabriel la prit par le bras.

« Viens, nous allons faire quelques pas.

– Tu as une drôle de voix, dit Liliane, tout enrouée...

– Rentrons à l'hôtel », fit-il.

Il commençait à s'énerver. Il aurait tant voulu être après. Il la pressait dans la direction de l'hôtel. Elle s'arrêta.

« J'adore cet air. Tu ne trouves pas qu'il a un goût de vanille ? »

Les réverbères de Monaco jetèrent sur eux des taches de lumière jaune tendre.

« Tu vas boire à l'hôtel.

– J'ai faim aussi, dit-elle. Les émotions me creusent. Depuis mon enfance, après avoir pleuré, il faut que je mange.

– Je t'en supplie, dit-il d'une voix grave. Fais-moi grâce de ton enfance. Je la connais, déjà, mieux que la mienne... »

Elle respira à fond de nouveau.

« Je n'ai pas tellement envie de rentrer à l'hôtel, reprit-elle, plus détendue.

– Tu as soif, dit-il, soudain fiévreux. Tu as

faim. Tu es fatiguée. Je te mettrai au lit. »

Elle se mit à sourire :

« D'ici que tu m'offres une bouillotte! Pourquoi insistes-tu tellement ? »

Un passant tardif jeta un regard admiratif sur elle et ils entendirent longtemps encore le bruit de ses pas.

« Ne me tire pas, dit Liliane. Tu me tirailles comme si j'étais un gosse qui ne veut pas obéir. Tu ne te rends pas compte comme tu me tires ? Pourquoi veux-tu rentrer à l'hôtel à tout prix ? La nuit est très jolie à Monte-Carlo; nous pourrions faire une promenade en voiture sur la grande et la moyenne corniche. Le paysage de nuit, vu de là-haut, est incomparable.

– Non, dit-il, je n'en ai pas envie. »

Elle se tourna vers lui. Sur la petite place vide, elle en robe du soir, lui en smoking, ils ressemblaient aux personnages d'une opérette viennoise.

« Tu sais... une place vide comme celle-ci, ravissante, fragile, silencieuse, me donne envie de chanter.

– De quoi faire ?

– De chanter... tout simplement. J'ai une assez jolie voix, tu sais. Curieusement, on ne l'a jamais utilisée au théâtre, encore moins au cinéma. J'aimerais danser aussi, dit-elle... chanter et danser. »

Gabriel regarda sa montre. Il était une heure; il lui restait environ quatre heures pour agir... pas plus.

« Dans mon désespoir, dit-elle, je ne t'ai même pas incité à jouer. »

Et, saisie soudain :

« Tu aurais perdu, toi... Tu aurais perdu!

– Parce que tu m'aimes? dit-il, rageur.

– Non, parce que tu cours après l'argent. L'argent le sent.

– L'argent!... s'exclama-t-il. Il m'est égal. Je n'ai que vingt-cinq ans, tu sais; la jeunesse est aussi un capital. »

Liliane esquiva l'attaque :

« J'ai vraiment faim, reprit-elle. Si tu étais moins hargneux, nous pourrions souper quelque part ou boire un peu de champagne. Tu vois, maintenant j'ai envie de champagne... J'ai besoin, tout à coup, de musique, de mouvement, de me sentir vivante. Viens, cherchons un taxi.

– Mais tu es folle, Liliane! » s'écria-t-il.

Et il faillit pleurer de rage.

« Tu es folle! A une heure du matin... »

Il se recroquevilla.

« Oh! j'ai mal... mal à la tête... Je me sens mal. J'ai mal à la gorge. Je rentre. »

Ils étaient maintenant le long d'un square auprès duquel des voitures attendaient.

« Voilà les taxis, dit Liliane. Rentre si tu

veux. Hélas ! tout à fait majeure, je peux sortir seule. Nous nous retrouverons demain matin au petit déjeuner. Veux-tu qu'on prenne le petit déjeuner ensemble ? On ne l'a jamais fait; ce sera amusant. »

Il la retint.

« Liliane, fit-il désespérément. Je voulais t'aimer, te serrer dans mes bras, me faire pardonner, t'adorer. Je serais capable de me mettre à genoux devant toi. Veux-tu que je me mette à genoux ?

— Non, dit-elle, ce serait dommage. Ici, personne ne nous voit. Un si beau geste perdu... Une autre fois, si tu veux, en pleine rue du faubourg Saint-Honoré, un samedi, à midi. Là, oui, ce serait un exploit... »

Il l'embrassa sur les lèvres. Elle s'abandonna, douce et molle, au baiser... Quand elle se dégagea, elle dit :

« Tu es merveilleux, Gabriel, mais j'ai faim et je n'ai pas envie d'amour maintenant... pas maintenant. Je ne sais pas pourquoi, mais rien ne m'attire à l'hôtel, même pas toi. Pourtant, tu me plais... »

Avant que Gabriel pût l'en empêcher, elle s'élança vers la file des voitures et frappa sur la vitre du premier taxi. Un vieux chauffeur se réveilla en sursaut et ouvrit de l'intérieur la portière.

« Gabriel, tu viens ? »

Elle se jeta littéralement sur le siège arrière et tendit la main à Gabriel.

« Te voilà, mon chéri ! » s'exclama-t-elle quand Gabriel prit place à côté d'elle.

Le chauffeur se retourna.

« Où va-t-on ?

— Je ne sais pas, dit Liliane. J'ai besoin de pittoresque... j'ai une envie folle de pittoresque. Je voudrais m'amuser, écouter de la musique, rire... »

Le chauffeur fit marcher un instant le moteur :

« On ne le dirait pas, mais ça se refroidit en stationnement. »

Le taxi démarra.

Liliane, blottie contre Gabriel :

« Content ? Quelle aventure ! Je ne suis plus un chef de gare, tu vois; je fais tout dérailler... tout...

— Je vous amène chez le...

— Ne me le dites pas, interrompit Liliane. Non, je vous fais confiance. J'aimerais avoir une surprise. »

La voiture s'engagea dans une grande rue bien éclairée. Mais, peu à peu, elle abandonna la ville et suivit bientôt une route noire, sinueuse.

« Regarde... quel spectacle ! » dit Liliane.

En bas, la côte scintillait. Aucune étoile n'égayait le ciel.

« Là-bas, je vous attendrai ? » demanda le chauffeur.

Gabriel se hâta de répondre :

« Oui, nous ne resterons pas longtemps. Surtout, ne nous abandonnez pas, attendez...

– J'ai horreur quand on m'attend, dit Liliane. Je me sens pressée, surveillée. Je ne sais pas où nous allons. Alors, je ne sais pas non plus combien de temps nous y resterons... N'est-ce pas, Gabriel ? »

Celui-ci avait libéré la main de Liliane. Il avait peur de perdre son contrôle et de serrer la main douce de Liliane jusqu'au moment où ses doigts se seraient brisés.

Sans se retourner, le chauffeur leur tendit une carte.

« Vous m'appellerez, dit-il, quand vous voudrez. Je rentre à la maison, mais je resterai en service en cas d'appel téléphonique. A partir de six heures, c'est mon fils. »

Liliane prit la carte et la glissa dans son sac perlé.

Le taxi s'engagea alors sur une petite route. Gabriel avait l'impression qu'ils s'approchaient de la mer. Il vit apparaître une énorme arche de pierre. Un peu plus loin, des feux multicolores s'allumèrent soudain. Dans ce foisonnement de couleurs l'arrière-plan était flou. Les feux se déplaçaient, virevoltaient.

« Des feux, dit Liliane. Pourquoi des feux ? »

Une musique très sourde arrivait vers eux. Etait-ce une impression seulement ou vraiment une musique ?

Le taxi s'arrêta devant un petit portail. Il semblait à Liliane apercevoir des ombres qui se déplaçaient dans une sorte de cour. Celle-ci se trouvait entre la grille, du côté de la route, et un bâtiment bas situé, aurait-on dit, à l'extrémité d'un petit promontoire qui aurait surplombé la mer. Les fenêtres de la maisonnette étaient, malgré les rideaux, violemment éclairées.

« Vous me paierez quand vous rentrerez à l'hôtel, dit le chauffeur. Bonsoir, monsieur, madame. »

Liliane, à peine sortie du taxi, resta immobile. Fascinée, elle regardait le grand feu qui flambait à l'intérieur de la cour. Puis elle poussa la barrière, et elle avait descendu trois marches peut-être quand, incité par d'invisibles et gigantesques soufflets, le feu, en un éclat violent, monta plus haut. L'odeur du bois brûlé, la chaleur, la croissance soudaine des flammes effrayèrent Liliane. Elle fit deux pas de côté.

« Mon manteau ! s'exclama-t-elle. Il n'a pas brûlé ? »

Personne ne lui répondit.

Des hommes, torse nu, s'affairaient autour du brasier qui s'élevait, gonflé, agacé, nourri par des bouffées d'air, vers le ciel noir et retombait, envoyant partout des étincelles qui parcouraient l'obscurité, pareilles à des vers luisants.

« Regarde, des ânes... » dit Liliane.

Au milieu de la cour, dans un enclos, la tête baissée, sellés et décorés de rubans multicolores, des ânes paisibles tendaient – vieux habitués – leur cou en espérant un sucre ou une caresse.

Les hommes entourèrent Liliane. Ils avaient de larges ceintures, des tatouages sur le bras et des bandeaux autour de la tête. Leurs yeux brillaient et, sans prononcer un mot, du seul rythme de leurs mouvements à eux, ils incitèrent Liliane à se diriger vers la maison dont la porte s'ouvrit soudain, laissant le passage à un personnage nouveau. Celui-ci s'avança vers Liliane. Il était grand, torse nu lui aussi. Ses lourdes paupières cachaient son regard. Il avait des couteaux glissés dans sa ceinture de cuir.

Liliane ne pouvait détacher ses yeux de la scène. Lui, pendant cet instant, contempla à son aise l'apparition : cette femme en renard blanc était aussi scintillante, dans les lumières indirectes, que le feu même, et il la vit. Il se mit à genoux devant elle, prit sa main et la baisa. Il porta ensuite cette main tremblante à son front et dit un mot que Liliane ne comprit pas.

Quelques clients de bonne humeur sortaient en même temps.

« Suivez-moi », dit le patron à Liliane.

Ils pénétrèrent tous les trois dans une petite salle turbulente de musique et de couleurs. Au centre, un orchestre, soudé presque aux instruments par une pression folle, battait un rythme fou.

Les garçons déguisés en pirates comme le patron lui-même, tous le torse nu, déplacèrent les chaises, enlevèrent les couverts et, comme par enchantement, de grands verres, qui évoquaient la fragilité des bulles de savon, firent leur apparition sur la table.

« Champagne ? dit le patron, le regard rivé sur Liliane.

– Champagne, répondit Liliane, humblement.

– Qu'est-ce qui se passe ? demanda Gabriel. A quel endroit cet imbécile nous a-t-il amenés ? Où sommes-nous ?

– Je ne sais pas, dit-elle, je ne sais vraiment pas... »

XI

IL était une heure trente. Chauffé à blanc par une colère qu'il ne pouvait extérioriser, Gabriel, au fur et à mesure que le temps précieux passait, examinait les possibilités qui lui restaient. Il ne se fiait pas un instant à un pressentiment quelconque; il éprouvait au contraire un besoin impérieux de raisonnement, il voulait pouvoir suivre les événements dans leurs moindres détails, les analyser et les commenter.

Jamais il ne s'était laissé prendre par une ambiance qui ne lui aurait été sinon familière, du moins compréhensible. Il ne se serait guère refusé sans doute à une audace quelconque liée à l'amour physique; dans ce domaine, seul l'ennui l'effrayait. Par contre, l'idée de dévoiler la moindre vérité quant à ses sentiments, toute manifestation d'un vrai ou d'un faux état d'âme l'auraient excessivement agacé.

« Que tu es attendu, meurtre ! » pensa-t-il. Et, se rassurant lui-même sur son équilibre intérieur, il essayait de prévoir mentalement la scène finale. Il s'entraînait comme un vrai sportif qui aimerait gagner en beauté. Au lieu de l'effriter, l'attente ne faisait qu'accroître sa violence. Il tuerait Liliane, même s'il devait aller en prison.

Il fallait donc la décider à rentrer à l'hôtel. Gabriel serra la mâchoire. Avec quel plaisir il aurait renversé la table et aurait crié, d'une voix puissante, quelques mots énormes. Il regarda devant lui.

« Tu ne veux pas rentrer ?

– Rentrer ? fit Liliane, étonnée. Nous venons d'arriver... L'endroit est charmant... Tu ne trouves pas ?... »

Comment sortir de ce piège empli de musique et de mouvement ? Trois musiciens, peut-être des Italiens, grattaient frénétiquement, au milieu de la petite salle, sur un espace carrelé, leur guitare...

Portant parfois à ses lèvres sa coupe de champagne, Liliane fredonnait : « Arrivederci Roma... », « Elle a une âme de « Bal du samedi soir », une âme de bonniche. Elle n'est pas plus intellectuelle que mes chaussures, se disait Gabriel, déchaîné. Elle ose fredonner – et elle en semble heureuse – cette ânerie usée. Elle a beau être pieuse et maniérée, elle est émue par une chanson éculée plus qu'elle ne le serait par une messe chantée... »

Une masse bavarde et mouvante occupait le restaurant. Les autres tables, qu'entouraient hommes et femmes apparemment joyeux, semblaient très lointaines à Gabriel. Pourtant, en se penchant un peu, il aurait presque pu en toucher plusieurs. Ah ! s'il avait pu s'accrocher à un visage, apercevoir une lueur complice dans un autre regard ! Il cherchait, l'âme vagabonde et fatiguée, une autre souffrance. Des éclats de rire retombaient sur eux. Une phrase en italien éclata comme un pétard dans un instant de silence. Un homme assez gros riait à une table. Une femme au visage attentif lui parlait à l'oreille. Elle n'était ni gaie ni triste; elle expliquait et l'homme était secoué de plus en plus fort par un rire silencieux un peu obscène, un rire à cacher derrière un paravent !... L'homme s'arrêta, fixant la femme du regard. Celle-ci dit encore un mot accompagné d'une petite grimace et l'homme repartit dans son hilarité. Heureusement, l'orchestre couvrait maintenant les bruits. Il semblait à Gabriel qu'il ne voyait l'homme qu'à travers une vitre. « Qu'est-ce qu'elle a pu lui raconter ? Si elle n'a pas honte... »

Le restaurant était visiblement un endroit estimé, connu, aimé par des connaisseurs.

Les photos de très célèbres visages, portant souvent de grandes signatures, ornaient les murs. Gabriel trouvait ces signatures démesurément grandes. « Moi, je ne signerai jamais rien d'autre que l'inventaire de mes poches quand j'irai en prison. » Il se voyait devant un greffier qui, d'une belle écriture, avec des majuscules presque dessinées, marquerait : un briquet en or plaqué, un canif en argent gravé : « Je t'aime » signé « Yvette », un portefeuille... S'il devait éliminer la solution du faux suicide de Liliane, avait-il encore une seule chance de déguiser son crime en crime passionnel ? Dans ce cas Liliane devrait, vis-à-vis du monde extérieur, le rendre jaloux, mais avec qui ?

Il contemplait les guitaristes; ils étaient loin et ils étaient trois. Il n'aurait pas pu être jaloux de trois guitaristes italiens. Peut-être, pour les besoins de la cause, devait-il se montrer amoureux fou de Liliane. Ce personnage d'amoureux délirant le rebutait. « Qu'est-ce qu'il ne faut pas envisager pour gagner sa croûte », se disait-il en lui-même, dans ces moments-là plus mélancolique qu'agressif. Il croyait entendre la voix d'un avocat, avec l'accompagnement des trois Italiens qui auraient ponctué ses phrases.

« Voyez donc ce jeune homme, fils d'une veuve, circonstance atténuante... »

« Bambino... » chantaient les Italiens.

L'avocat continuait : « Considérez ce bambino, fils d'une famille honorable... » Des spectatrices sortiraient alors leur mouchoir, en prévision des larmes futures qu'elles auraient à verser.

« Bambino... »

« Ce bambino de vingt-cinq ans, messieurs les jurés, crierait l'avocat entre deux effets de manche, s'est trouvé emporté par une passion démesurée. Il a été, en quelque sorte, avant que le drame arrive, la victime de la victime... »

A un moment donné, sa mère s'évanouirait. Remue-ménage...

L'avocat lancerait vers le public : « Regardez, il pleure... » Tout le monde le regarderait. L'avocat reprendrait : « Avec son âme simple il a été écrasé par la personnalité brillante, versatile et dominatrice de Liliane Berg. Cet amour a été un trop grand bonheur pour Gabriel Vanner qui, malgré ses rêves modestes concernant le théâtre et le cinéma, était un garçon trop sérieux pour la vie que mènent certaines figures illustres du monde parisien. Gabriel Vanner portait sur lui l'empreinte d'une enfance sérieuse, honnête, paisible, consacrée à l'idéal même que représente encore, dans nos belles régions, la famille. Peut-être, en proie à ses illusions, a-t-il voulu recréer avec Liliane Berg le milieu paisible et petit-bourgeois du Mont-Dore... »

« Non, non, non... » Il bondirait en hurlant pour qu'on le laisse parler; il assommerait même un des gardiens – il n'en aurait que quelques années de plus – il vociférerait : « C'est faux... Je la haïssais. Depuis que je la connaissais, elle m'anéantissait... Elle semblait si forte, si victorieuse, si indestructible, que je l'ai tuée délibérément, avec préméditation, et j'en ai même éprouvé une très grande satisfaction. »

Liliane, se tournant vers lui, dit un mot.

A cause de la musique, il ne le comprit pas.

« Comment ?

– ... aussi triste... entendit-il.

– Comment ? »

Liliane se pencha vers lui. Gabriel sentit le contact des lèvres sur son oreille droite.

« Je dis que les gens nous regardent et que tu sembles tellement triste...

– Moi ? s'exclama-t-il. Ce n'est pas vrai. Je ne suis pas triste. Je ne marche pas encore sur la tête... Voudrais-tu que je monte un numéro de cirque ? Me vois-tu, par exemple, sur un vélo à une seule roue, tourner au milieu ? Je pourrais avaler du feu. Les couteaux, tu sais, je les aime moins... »

Le patron, qui, déjà dans l'obscurité rose de la cour éclairée par le feu, avait reconnu la comédienne célèbre venue pour la première fois dans son établissement, avait reconnu en elle aussi la cliente sur laquelle il pourrait édifier, bâtir, échafauder, souffler comme un souffleur de verre de Murano, toute sa soirée. Il les surveillait. Avec une très grande intelligence, il savait jauger les hommes et les femmes. Il captait en même temps les ondes favorables et les renvoyait amplifiées. Pour créer son atmosphère prenante et particulière, il avait besoin de la complicité du public. Il éprouvait un profond mépris pour les blasés, pour les méchants qui, dès leur arrivée, étaient à l'avance des trouble-fête. Ce patron-là, un sage, avait compris au cours de sa longue carrière, que les moralement handicapés se défendaient contre la gaieté et que les esprits luttaient désespérément contre l'envoûtement. Ceux qui portaient dans leur âme des verrues et des taches, se débattaient chez lui contre les instants de magie qui naissaient d'affinités, de regards complices et d'entente passive entre lui et certains privilégiés qu'une musique ou une fleur pouvait enchanter.

« C'est un gitan, dit Liliane.

– Qui ? demanda Gabriel.

– Le patron !

– Il n'est pas plus gitan que toi ou moi, dit Gabriel. S'il n'était pas restaurateur mais entrepreneur des pompes funèbres, tu ne dirais pas qu'il est gitan. C'est un gitan de circonstance.

– Tu es mauvais comme une teigne, dit Liliane. Tu en veux à la vie, toi ! Pauvre petit parvenu... effrayé par le décor et sourd à l'ambiance. Peur d'être trahi ! Tu n'as confiance en personne. Tu es terrorisé à l'idée de pouvoir être troublé. Tu ne croirais même pas à un miracle qui se produirait devant toi... A rien... »

Les musiciens italiens disparurent. D'un coin obscur du restaurant, le son d'un violon partait en sanglots. Un demi-silencc s'établit.

« Appelle un taxi et rentre à l'hôtel, dit Liliane. Tu m'abîmes tout... Tu es jaloux... Avec ton petit côté javellisé, tu brûles tout autour de toi. Je ne te supporte pas. »

D'un petit geste, le patron envoya vers eux le violoniste tsigane. Il voulait les aider.

« Je te déteste, poursuivit Liliane. Me parler des pompes funèbres quand j'aurais voulu m'amuser !... »

Le violoniste ferma les yeux, pencha la tête sur son instrument. De loin, l'orchestre de tsiganes l'accompagna.

« Je ne suis pas un rigolo, reprit Gabriel. L'argent ne te suffit pas ? Tu veux t'amuser aussi ? Tu veux peut-être même rire ! Rire...

Madame est exigeante... Madame voudrait rire... Il faut le laisser aux pauvres, le rire. Le rire et la nudité, c'est à eux... C'est ce qui ne coûte rien... mais pour toi, ça n'a pas de prix. »

Il était atrocement gêné par la présence de ce musicien qui se consacrait à eux entièrement. En se balançant suivant le rythme des mouvements de l'archet, il semblait envoûté par sa propre musique.

« Ton tsigane, là, dit Gabriel, l'œil mauvais, il est de Cassis ou de Marseille. S'il est gitan, je suis esquimau...

– Tu es un imbécile, dit Liliane. C'est aussi une race. Tu es né de la race des imbéciles. »

Elle était au bord des larmes. C'en était fini de la belle soirée, de la magie, du jeu... son jeu à elle... le jeu du bonheur à facettes, le jeu du bonheur secret, le jeu du bonheur enfantin, ce jeu qui lui permettait de capter, à chaque instant, la lueur bénéfique des circonstances. Elle se promenait dans la vie pareille à une glace ou à une loupe, en appelant vers elle autant qu'il était possible la chaleur et l'éclat des plus lointains rayons de lumière.

« J'ai entendu raconter une chose terrible quand j'étais enfant, dit-elle.

– Ah! non, fit-il, ton enfance, je t'en supplie... »

Elle continua, imperturbable :

« On parlait des ancêtres, des super-hommes de siècles superbes qui faisaient jouer des orchestres de tsiganes au cours de folles et chaudes nuits; ils crachaient sur un gros billet, collaient celui-ci sur le front du tsigane qui jouait le mieux!

– Vous n'étiez pas anthropophages aussi, dans votre coin? demanda Gabriel, glacé. Mets donc ce type-là à l'épreuve de tes réminiscences, de tes contes de fées cruels; au moins, tu le réveilleras, il est en train de s'endormir sur son archet. Colle un billet sur le front de ton tsigane; vas-y, et s'il te crache, lui, à la figure, c'est qu'il est français. »

D'un trait, Liliane vida son verre de champagne.

« Je te parle d'une demi-légende et tu la prends pour une sordide vérité. Tu as honte de l'âme. Pauvre Gabriel, le sexe, oui, tu en parles, mais le cœur, tu l'enterres sous un tas de cendres. Pauvre petit que tu es... Bois...

– Je suis un vicieux, dit-il... dépravé par la sobriété. Je bois tes paroles; elles m'enivrent... »

Le patron envoya vers eux cette fois tout l'orchestre. Un garçon déguisé en pirate, le torse et le regard nus, emplit de nouveau leur verre. Ce mouvement de l'orchestre ayant attiré l'attention sur leur table, les autres clients découvrirent la présence de Liliane Berg.

« C'est Liliane Berg... » prononça quelqu'un.

Liliane sentit l'afflux des regards sur elle.

Alors, la musique se mit à bâtir, mesure par mesure, avec douceur, un pont de mélodie et de tendresse entre elle et Gabriel.

Un tsigane, à demi penché sur son violon, s'approcha d'elle et lui joua à l'oreille une musique inconnue. Etait-ce une musique inconnue? Une sorte d'appel surgit du fond des âges. Deux autres violons apparurent, amoureusement serrés sous le menton des tsiganes. L'orchestre forma bientôt un demi-cercle autour d'elle. Elle se détendit. Le sol semblait vibrer sous ses pieds. Une chaleur bienfaisante l'enveloppa. Elle se laissa mollement aller en arrière et appuya la tête contre le mur.

« Tu vas abîmer Sinatra, fit Gabriel.

– Tu dis?

– Tu vas abîmer Sinatra », cria-t-il.

Un peu hagarde, elle se retourna. Derrière elle, sur le mur, se trouvait une grande photo du chanteur. Elle dit à Gabriel, d'un ton naturel :

« L'abîmer? Non. Aimer, peut-être... Je l'aime beaucoup. Je l'ai connu à Hollywood. »

Elle mentait... Non... Même pas... Ce n'était

pas sûr qu'elle mentait... N'avait-elle pas passé deux ans à Hollywood? Rien, donc, ne pouvait la surprendre.

« Alors, fit-il, hargneux : salue le copain! »

Le visage de Liliane se crispa une seconde.

« Tu crèves de chagrin, toi. Pourquoi? C'est moi qui devrais pleurer. »

En saluant d'abord l'orchestre, elle vida son verre. Des demi-sourires embués de musique lui répondirent.

La porte d'entrée s'ouvrit à ce moment et, accompagnée par trois autres membres de l'orchestre, apparut unc très jeune et belle tsigane. Une main invisible referma la porte de l'extérieur. La jeune femme, tout en chantant, se fraya un passage entre les tables. Une mélodie était entrée en elle et elle ressemblait elle-même à une note de musique attendue, indispensable pour l'harmonie.

Ses yeux brillants, brûlant d'éclats noirs, se posèrent sur Gabriel. La demi-lune de l'orchestre s'élargit pour faire place à la chanteuse. Leur table semblait maintenant isolée du monde. La gitane n'était plus une enfant ni tout à fait une femme. Jeune bouleau nerveux, tout en rythme et passion, elle amplifiait, remplissait, colorait l'univers de Gabriel.

« Elle est belle... dit Liliane.

– Tu ne crois pas que nous devrions rentrer ? » répondit seulement Gabriel.

Il vida enfin son verre de champagne.

Dans des mains agiles et fragiles, maniées par de longs doigts aux articulations raffinées, les castagnettes se mirent à crépiter comme des armes à feu qu'on aurait, dans un céleste magasin de farces et attrapes, changées en jouets brillants et inoffensifs.

Comme si Liliane avait voulu parler, Gabriel protesta :

« Non, dit-il... je ne veux plus rien entendre de tes souvenirs... »

Le regard pesant du patron le paralysa. Il était si prêt d'une défaite qu'il ne ressentait plus rien que la terreur d'être vaincu par l'invisible.

La tsigane chantait le soleil en espagnol. « Sol... sol... sol... sol... » Le mot revenait, frappait, quémandait, exigeait, caressait, ordonnait. « Sol... sol... sol... »

La chanson, une sorte d'étrange hymne au soleil, paraissait attirer toutes les lumières de la salle sur la gitane. Elle se trouvait au milieu d'un cercle lumineux. Les autres avaient sombré dans l'obscurité savante. Etait-ce un jeu de lumières parfaitement dirigé d'un tableau de commandement, ou bien un jeu d'imagination, un jeu de suggestions ?

« Je me sens si bien », dit Liliane.

La gitane portait une robe en deux pièces. Une sorte de petit gilet froufroutant lui enveloppait le buste. Sa taille, nue et fine, offrait la vision d'une beauté enfantine. Un immense anneau doré rejoignait une jupe pareille à celles que portent les danseuses espagnoles sur certaines gravures.

Le patron surveillait Gabriel. « Il agit comme un antibiotique, pensait-il. Il fait descendre la température. Il faudrait l'écarter si c'était possible... »

L'univers de Gabriel était rétréci aux dimensions du cercle doré qui entourait le nombril de la chanteuse. Hypnotisé, Gabriel regardait ce petit soleil sur la fine peau brune de la gitane. Pourtant, elle ne l'attirait pas. Elle rayonnait dans son cercle brillant, éclairée, elle aussi, par une lumière intérieure. Une sorte de sécurité morale et physique émanait d'elle et agaçait Gabriel. Cette fille était infiniment plus jeune que Liliane; elle devait avoir dix-neuf ou vingt ans. Mais apparemment, rien ne pouvait l'atteindre non plus. Elle chantait l'hymne au soleil avec talent et ferveur, avec la sensibilité et la beauté d'un jeune animal heureux qui vit sans contrainte et sans peur dans des forêts sauvages.

Quelqu'un le toucha. Gabriel sursauta presque et il aperçut une main posée sur son bras gauche. Il se tourna vers la table voisine. Une grande et plantureuse fille s'y trouvait, habillée d'un tee-shirt ras du cou en fil d'écosse. Une inscription barrait sa poitrine : « Miami-Beach. » La fille, sans sourire, jouait avec une cigarette, voulant faire comprendre qu'elle avait besoin de feu. Gabriel fit fonctionner son briquet.

« New York ? demanda-t-il.

– Thionville », répondit-elle.

Tout en écartant légèrement ses cheveux pour ne pas les brûler, elle se pencha vers la flamme du briquet.

Elle était en tête-à-tête avec un demi-verre de champagne.

« Seule ? demanda-t-il.

– Depuis une demi-heure. Il est à l'hôtel, fatigué... Je voulais rester encore... écouter la musique. Il a soixante-deux ans... »

Imperceptiblement, Gabriel se dégagea du cercle délirant que la musique créait autour d'eux. Liliane, les narines pincées de passion, respirait profondément. La chaleur de cette salle intime, le bourdonnement des êtres pour elle invisibles qui se trouvaient autour des autres tables, l'électricité qui chargeait l'atmosphère réveillaient en elle une série de sensations dont elle aurait eu beaucoup de peine à définir l'origine...

Liliane aurait aimé, maintenant, que l'orchestre s'éloignât. Elle aurait préféré n'être plus elle-même le centre de l'intérêt. Elle percevait une multitude de regards posés sur elle. Sans être vraiment dans l'atmosphère particulière qui aurait convenu, elle jouait ce rôle... par orgueil... par attitude... Il y avait des spectateurs... Il était indispensable, aussi, que Gabriel la voit heureuse, et qu'elle puisse faire comme si se réveillaient en elle des instincts qu'en fait elle n'avait jamais eus. L'ambiance se transformait en une sorte d'immense pâtisserie de sentiments pittoresques...

Elle se rendit bien compte que Gabriel échangeait quelques mots avec la jeune femme de la table voisine. Il y avait en elle une « Liliane Berg s'amuse », « Oh! comme elle s'amuse bien, elle a du tempérament », et une autre, une « Liliane Berg frileuse qui aimerait s'évader de sa grande peur de ne pas jouer, pour la première fois de sa vie, gagnante. »

Le patron vint vers elle, levant un verre pour la saluer. Puis, il s'inclina profondément. Il se redressa et but, ou fit semblant de boire. Et, les lèvres à peine humectées, il jeta son verre au milieu de la salle d'un geste négligent et élégant, comme quelqu'un qui se débarrasse d'une chose gênante. Du regard, il incita Liliane à en faire autant. Elle vida son verre, et le jeta à son tour, affolée, heureuse, étourdie, étonnée de ce geste.

« Encore », fit le patron.

L'orchestre s'élargit alors. Les tsiganes s'accrochaient à leur violon, s'enferraient dans un rythme de plus en plus accéléré. La jeune femme, chantant les bras tendus vers le ciel, évoquait le soleil. La musique, parsemée de claquements de castagnettes s'amplifiait démesurément.

Liliane prit le verre de Gabriel et voulut le briser.

« Tu es folle, dit-il. Pas le mien... »

Les garçons-pirates arrivaient maintenant en renfort. Chacun apportait des verres. Leurs mains brunes, leurs longs doigts servaient la bonne cause : chacun d'entre eux tenait dans chaque main cinq ou six verres à pied. Les bulles fragiles gonflées à l'extrême, plus fragiles que les plus fines des porcelaines, verres prétextes, verres symboles, inondaient les tables, trouvaient partout leur place provisoire pour leur existence provisoire sur les nappes rouges.

« Encore », dit le patron.

Et il jeta un verre en l'air.

« Encore, encore... »

Des autres tables, des verres furent aussi timidement lancés au milieu du restaurant et s'écrasèrent avec un bruit aigu.

« Casse un verre, dit Liliane à Gabriel. Jette-le, s'il te plaît. »

Elle lui tendit son verre qu'à l'instant même un garçon remplit de champagne.

« Il faut le vider maintenant, dit Liliane. Tu veux bien ? »

Pâle, Gabriel prit enfin le verre; elle leva le sien et but son champagne. Gabriel aussi.

« Alors, un peu de bonne volonté... »

D'un geste léger et large, elle envoya son verre au milieu du restaurant. Le verre sembla virevolter, éclater déjà dans l'air, comme brisé par la musique et la lumière. Il atterrit sur les débris qui avaient recouvert peu à peu le carrelage rouge.

« Tu n'oses pas », dit Liliane...

Elle ponctuait ses phrases par des verres qu'elle jetait dans une douce folie, maintenant à peine contrôlée. Dès qu'elle gardait un instant un verre en main, un garçon le remplissait. Il fallait le vider avant de le faire éclater sur le dallage. Et quand elle les envoyait dans un rythme assez sauvage, comme si elle avait voulu faire éclater le monde, des garçons revenaient avec d'autres verres. Pour s'arrêter, il aurait fallu briser le rythme, se désintoxiquer de cette merveilleuse ivresse qu'était le bonheur de détruire, et se révolter contre ce bonheur.

« Si tu n'en casses pas un, dit-elle, rageuse,

c'est que tu n'es pas vivant. Tu n'as jamais été qu'un pauvre petit Auvergnat. C'est moi qui paie l'addition; alors, profites-en, casse ton verre... »

Gabriel chercha le regard de la fille qu'il appelait, maintenant, en lui-même, Miami-Beach. Celle-ci eut dans sa direction un coup d'œil ironique; une toute petite grimace abaissa l'extrémité de ses lèvres. Complice déjà avec Gabriel, elle haussa les épaules comme pour dire : « Qu'est-ce que ça peut te faire, si elle y tient... »

Gabriel leva son verre, le vida d'un trait, fit un clin d'œil à Miami-Beach et, soudain, un grand et inattendu espoir l'envahit. Il pourrait peut-être tuer Liliane sans aller forcément en prison... Après cette folle nuit, Liliane se suiciderait par jalousie. Il la rendrait jalouse avec Miami-Beach...

Il se retourna vers Liliane, le souffle encore coupé de l'injure qu'elle lui avait lancée : « Pauvre petit Auvergnat »...

« Tchin-tchin », dit-il.

Et il s'efforça de sourire. Il se mit à chantonner en suivant la mélodie que jouait l'orchestre.

« Tchin-tchin... »

Ils choquèrent leurs verres.

« A ta santé », dit Liliane, pleine de rancune.

« A ta mort », pensa Gabriel. Et, les yeux brillants, muet, il vida son verre et le jeta.

« Je fais un vœu, dit-il.

– De tout mon cœur je te souhaite de réussir », dit Liliane, pour se racheter.

XII

UN grand silence tomba soudain sur eux. Les musiciens, épuisés, disparaissaient les uns après les autres derrière une petite porte. L'aérienne tsigane partit elle aussi, ayant laissé quelques roses sur les tables.

« Tu restes encore ? dit Gabriel à la fille.

– Ça m'est égal, dit-elle.

– Pas à moi; je veux te parler.

– De quoi ?

– De tout. »

Une grande et solide complicité s'était établie entre eux. Ils étaient de la même génération; ils s'étaient tutoyés tout de suite comme de très jeunes gens qui ne s'encombrent pas encore des vous inutiles.

« Tu la connais ? » demanda Liliane.

Un garçon balayait les débris de verre. Il en avait jusqu'aux chevilles.

« Depuis dix minutes.

– Elle te plaît ? »

« Prudence, se dit Gabriel. Elle serait capable, de nouveau, de couper les ponts d'une autre manœuvre. »

« Je ne sais pas encore. »

Quelqu'un ouvrit la porte du restaurant. Un garçon vint vers eux et chuchota un mot à l'oreille de Liliane.

« Mais oui, dit-elle. Pourquoi pas?

– Comment? » s'enquit Gabriel.

Liliane, déjà debout, accueillit d'un mouvement de bras élégant son manteau en renard blanc que le garçon, d'un geste caressant, fit glisser sur ses épaules.

« Ils ont aussi, presque en face, une boîte de nuit, dit-elle. Allons-y danser. J'ai envie de danser... »

Elle ressentait le besoin des bras de Gabriel autour d'elle. Plus que jamais, elle avait envie de retrouver son odeur de tabac et de pâte dentifrice, son odeur de soleil.

« On ne va pas laisser là cette jeune fille, toute seule, dit Gabriel, avec un mauvais sourire. Tu permets? Je fais les présentations. Mlle Berg, Mlle Miami-Beach. »

Le regard de Liliane effleura un instant la large et belle poitrine barrée de l'inscription.

« Bonjour, mademoiselle. »

Le patron vint les chercher.

« Par ici, dit-il. Venez... »

Ils retraversèrent la cour. Les ânes avaient disparu et, à la place du grand feu, il ne restait qu'un tas de braise.

Liliane s'arrêta au milieu de la route étincelante dans le clair de lune comme une patinoire.

« Pourquoi est-ce à moi de tout faire? Pourquoi dois-je, pour n'importe quoi, faire un effort surhumain ? Une voiture folle pourrait la balayer... Messieurs, j'étais témoin, avec Mlle Miami-Beach. Liliane Berg, au milieu de la route, hésitait. Elle n'était pas sûre de vouloir aller dans la boîte de nuit. Elle était fatiguée... Soudain, surgit, comme une bête féroce, une voiture de sport à cent soixante à l'heure. Vitesse criminelle... Encore un qui se croyait seul... La mort de Liliane Berg a dû être instantanée. Messieurs les juges, punissez le chauffard. »

Mais rien ne surgit de la nuit noire.

Entourés, encadrés par des pirates – l'un d'eux portait un flambeau pour éclairer le chemin qui, de l'autre côté de la route, montait vers la boîte de nuit – ils entrèrent dans une immense salle dont les murs, de tous les côtés, étaient ourlés de canapés et de tables basses.

Derrière le bar éclairé, la tsigane, fraîche comme l'eau, attendait. Quelques couples dansaient dans l'obscurité et l'orchestre était remplacé par une installation de haut-parleurs invisibles.

That's life... chantait Sinatra.

« Viens danser. »

Gabriel prit Miami-Beach par la taille. Il se retourna vers Liliane.

« Si tu le permets.

– Rien n'est plus naturel, dit Liliane. Amusez-vous, mes enfants... »

Le chagrin et la jalousie l'ébranlèrent pourtant si fort qu'elle fit deux pas en arrière en perdant l'équilibre. Elle tourna exprès le dos aux danseurs et s'installa sur un des hauts tabourets du bar.

« Du champagne ? demanda le patron.

– De l'eau, fit-elle. Gazeuse... avec une tranche de citron. »

Il fallait avoir la force de ne laisser apparaître aucun signe de mécontentement. Surtout, elle ne devait pas sembler pressée. Avec quel plaisir cependant elle aurait fait appeler le chauffeur de taxi !... Si elle avait pu rentrer à l'hôtel, grand Dieu, se démaquiller, prendre un bain tiède pour changer l'odeur fade et massacrante des cigares, se laver les dents pendant des minutes interminables pour oublier le goût aigre du champagne, se coucher la fenêtre ouverte, à peine vêtue, après tant de chaleur avoir enfin un peu froid, se réfugier dans une sensation, même fausse, de propreté morale, en tous les cas physique, s'arracher de cette piste qui, comme au Sahara, tourne en rond éternellement parmi les mirages.

Elle se tourna vers la tsigane.

« Quelqu'un pourrait me donner un peu de glace, s'il vous plaît ?

— C'est là. »

Sur le bar se trouvait un seau à glace. Liliane y prit trois cubes dans sa main droite et se mit à se rafraîchir le visage. En aucun cas, il ne fallait s'évanouir.

« Il est quelle heure, s'il vous plaît ? » demanda-t-elle au patron.

Something in your eyes was so inviting... chantait Sinatra. Etrangers dans la nuit, attention, étrangers : gardons l'ordre et la discipline. Etrangers, dans la nuit, marchez droit, sans larmes, impitoyablement durs.

Il ne fallait pas hurler ni tomber par terre en sanglotant. Il ne fallait pas trop se mordre les lèvres non plus, non pas à cause du goût métallique parfois désagréable du sang, mais à cause de la blessure; une morsure sur les lèvres se voit, c'est un signe de détresse difficile à camoufler.

« Il est quelle heure, s'il vous plaît ? »

La gitane effleura de sa main fraîche la main brûlante de Liliane.

« Il n'est pas tard », dit-elle.

Elle se rapprocha du patron comme si elle avait cherché, tacitement, un rempart contre le chagrin de Liliane, comme si elle avait voulu rester à l'intérieur d'un cercle à elle, à l'intérieur d'un cercle de bonheur qu'aurait pu égratigner la souffrance de quelqu'un d'autre.

« Cette ravissante jeune fille ressemble...

– Non, interrompit le patron, elle ne ressemble à personne.

– Excusez-moi, dit Liliane. La musique, ici, ne s'arrête jamais ?

– Jamais. »

Où était donc l'espoir que Gabriel abandonnât Miami-Beach ? Gabriel ne reviendrait jamais vers elle...

« Quand je dis qu'elle ressemble...

– A personne », reprit le patron.

Et son lourd regard soupesait la détresse de Liliane.

Liliane crut un instant revoir l'enfant gitan de ses rêves.

« Ces yeux... » dit-elle.

Le patron l'arrêta encore :

« Non.

– Un mot... » commença Liliane.

Elle luttait pour sa vérité.

« Un mot... je cherche un mot... Vous pourriez m'aider.

– Un peu d'eau encore ? » demanda le patron.

Si tu te sens seul, chantait Sinatra, *appelle-moi, n'aie pas peur... appelle-moi... appelle-moi... appelle-moi...*

La gitane tenait dans ses mains une rose. Elle la tenait comme si la fleur elle-même était une enfant.

« Une rose, dit Liliane. Connaissez-vous les coquelicots, les champs de blé ? »

Appelle-moi... chantait Sinatra.

« Voulez-vous une aspirine ?

– Je ne suis pas en train de mourir, merci, dit Liliane. Mais, indiscutablement, j'ai mal à la tête. Je voudrais simplement... »

Le patron la regarda.

« Personne d'autre que ce garçon ?

– Non, fit-elle. Personne...

– Pas d'enfant ?

– Non.

– Il faut en adopter. Ceux qu'on adopte ne sont pas forcément pires que ceux qu'on a normalement.

– Trop tard, dit Liliane. Je n'ai jamais eu le temps de faire des démarches. Alors, maintenant, c'est trop tard. Je suis trop vieille. On m'a déjà dit que j'étais trop vieille pour élever un enfant. »

Qu'est-ce que je peux faire ? Tu me rends fou... chantait Sinatra.

Au milieu des couples qui, soudés presque les uns aux autres, dansaient, Gabriel se serrait contre Miami-Beach.

« Tu as une chambre pour toi ?

– Non, je dors avec lui. Tu comprends... Je suis là à ses frais, alors... Une chambre à part !... Il transpire.

– Il te laisse seule souvent ?

– Non. Aujourd'hui, je ne sais pas pourquoi.

– Quel âge as-tu ?

– Vingt-deux ans.

– Es-tu triste ?

– Non.

– Tu ne l'as jamais été ?

– Si.

– Pourquoi ?

– A cause du premier. Je l'aurais voulu jeune.

– Et alors ?

– A Thionville, les jeunes n'ont pas d'argent pour venir sur la Côte. Je voulais faire l'amour pour la première fois sur la Côte.

– C'était qui ?

– Un voyageur de commerce... hollandais. Il m'a envoyé après, d'Amsterdam, une caisse de fromages assortis... et une carte postale... C'était un menteur : il m'avait dit que Amsterdam ressemblait à Venise... à cause des canaux. Tu parles de canaux!... Depuis, les fromages et moi...

– Tu n'aimes plus les fromages?

– Pas les hollandais. Et quand on me parle de Venise, j'ai envie de pleurer.

– Le tee-shirt vient d'où? De Miami?

– Sans blague... tu plaisantes! J'ai la tête de quelqu'un qui a été à Miami? Tu es gentil quand même... Le tee-shirt vient de Saint-Tropez; il m'a plu; ça fait exotique. Avec ma poitrine, j'ai toujours attiré les vieux.

– Tu travailles?

– Non. J'attends... J'attends de revenir sur la Côte. Je passe mon temps à attendre l'occasion. J'aime le soleil. »

Il la serra contre lui.

« Tu es comme moi : le soleil, c'est tout. Dis, où aimes-tu le plus le soleil? Sur quelle partie de ton corps? Quand tu es allongée nue, par terre, devant la fenêtre ouverte de ta chambre d'hôtel et que tu t'offres au soleil, où le sens-tu le plus? »

Elle toucha instantanément sa tête.

« Là.

– Comment, là? Sur ta tête?

– Non... dans ma tête. Je veux penser soleil, n'être plus que soleil... Même quand les rideaux sont tirés et que le soleil tape sur les volets, je lui fais fête. Il m'est arrivé d'embrasser par terre les rayons lumineux que laissent entrer les fentes des volets. Une fois, toute nue, à quatre pattes, j'embrassais le parquet zébré de soleil; le type m'a prise pour une dingue! Mais ça lui a plu de me regarder... »

« Le mot que je cherche, dit Liliane à la tsigane, m'a été dit dans un rêve. Vous étiez enfant où ?

– Nulle part », intervint le patron.

Liliane continua, exaspérée.

« Vos yeux... vos yeux d'enfant, mademoiselle ?

– Non, dit le patron.

– Je le sens, ce mot, dit Liliane. Il est sur mes lèvres. Mais je ne le trouve pas. Croyez-vous aux rêves, mademoiselle ? »

Le regard du patron empêcha la jeune tsigane de répondre.

« Il est quelle heure ? » demanda Liliane.

Dans la fumée, elle ne pouvait plus distinguer la silhouette de Gabriel. Pourtant, sur le tabouret, assise comme un oiseau élégant dont on aurait brisé les pattes et qui n'aurait plus pu bouger mollement que les ailes, elle semblait encore, de loin, élégante et sûre d'elle-même.

« Pourquoi vous mettre sur un genou quand je suis arrivée ? demanda Liliane au patron. Pourquoi cet accueil étrange?

– Je reconnais une princesse, dit le patron, et je la salue. Vous ressembliez, tout en blanc, à une princesse.

– Une princesse?... Vous me parlez comme à un enfant. »

Elle avala ses larmes.

« Quelle plaisanterie! Une princesse... »

« J'ai reconnu Liliane Berg tout de suite, dit Miami-Beach. Tu pourrais demander un autographe pour moi?... Elle est belle; tu as de la chance...

– Moi? s'exclama-t-il. Moi, de la chance? »

Ils dansaient maintenant un jerk. Ils se balançaient l'un en face de l'autre. Ils ressemblaient à de pauvres petits serpents sortis d'une corbeille et obéissant à une musique insidieuse.

Yellow sub-marine...

« Ça veut dire sous-marin jaune, dit Miami-Beach. C'est beau, un sous-marin jaune...

– Je la hais, reprit Gabriel. Elle a tout, je n'ai rien. Je dépends d'elle totalement jusqu'à ce que mort s'ensuive.

– Comment? fit-elle, en balançant son beau corps de droite et de gauche.

– Rien. »

Il avait espéré, jusqu'à maintenant, que

Liliane interviendrait. Il avait misé sur une toute petite scène de jalousie. Rien de pareil ne s'était produit.

Un slow lui permit d'être de nouveau auprès de Miami-Beach. Il l'embrassa sur les lèvres. Elle le repoussa.

« Elle va nous voir. Tu ne peux pas faire ça... ce n'est pas chic... ça ne se fait pas... Elle est belle encore... elle paraît gentille... »

« Dastan, dit Liliane. C'est le mot que j'ai entendu dans un rêve quand j'étais enfant. Ça veut dire quelque chose, Dastan ? »

La tsigane se pencha sur la rose. Elle jouait avec la rose.

« C'est bientôt l'aube, dit le patron.

– Eh bien, en attendant, vous chercherez dans un dictionnaire ! dit-elle, d'un ton agressif pour se montrer moins vulnérable. Mais je vais vous faciliter la tâche : ce mot n'existe dans aucun dictionnaire, peut-être dans aucune langue. C'est un mot que j'ai dû inventer dans un rêve. Drôle, non ? Pourtant, je ne suis pas très douée pour les langues. J'ai perfectionné mon anglais à Hollywood, c'est vrai ; j'aurais dû tourner un film américain. Je ne sais que le français et l'anglais. De mon enfance hongroise, il ne me reste rien... qu'à peine un rêve... un mot qui n'existe pas et un coffret. Qu'il était beau, ce rêve, le plus beau, le plus... »

Liliane se mit à pleurer. Elle se laissa glisser du tabouret et, contournant le bar, elle chercha les toilettes. Elle se retrouva, comme dans un abri anti-atomique, enfin seule, dans une cellule capitonnée de soie, en face d'une glace. Il ne restait plus rien d'elle que des yeux immenses, cernés de mauve, les yeux d'une femme de quarante-cinq ans, lasse à mourir.

Elle se repoudra et revint vers la salle. Elle s'assit sur une banquette et, très calmement, regarda danser Gabriel et Miami-Beach. La grande fille blonde, un peu épaisse, fraîche et simple, avait l'air d'avoir dix-huit ans. Gabriel, lisse et soudain affiné, plus beau que jamais, semblait rajeuni à son tour. Il n'avait pas plus de vingt ans. Ils dansaient tous les deux comme des adolescents. Ils étaient lisses : deux jeunes roseaux enchevêtrés, pleins de force et d'avenir. Apparemment, rien ne pouvait les entamer, ni la fumée, ni la musique hallucinante, ni la danse, ni la fatigue, ni le désespoir.

La tsigane vint un instant près de Liliane. Elle lui tendit la rose :

« C'est pour vous. »

Liliane déposa délicatement la rose sur la petite table basse.

Gabriel la rejoignit à son tour, laissant un peu derrière lui Miami-Beach.

« Tu m'excuses ? J'ai oublié le temps. Cette musique qui ne s'arrête jamais, aide à oublier. Tu veux danser ?

– Non, dit-elle, souriante. Peut-être pas ce soir...

– J'ai fait appeler le taxi, dit Gabriel. On rentre, n'est-ce pas ?

– Danse encore, dit-elle. Tu t'amuses si bien, et moi j'adore regarder ces danses modernes... »

Dehors, une lente grisaille entamait l'obscurité. « L'aube, pensa Liliane. L'aube... Il faudrait rentrer à l'hôtel. » Par l'une des fenêtres, elle aperçut la mer. Celle-ci ressemblait à une immense plaque de métal gris. Sur l'horizon, une boule rouge commença de monter, le soleil.

Il n'y avait plus personne, sauf Miami-Beach et Gabriel qui dansaient, seuls. La fille avait posé sa tête sur l'épaule de Gabriel. Celui-ci la tenait serrée contre lui. Ils étaient pareils à deux enfants perdus dans un monde hostile, qui ne trouveraient réconfort que dans une étreinte. Lui, il ne sentait plus rien que le contact de ce jeune corps mou et docile. Miami-Beach suivait les mouvements du slow, accrochée, soudée, calquée sur Gabriel. Elle pleurait sans bruit et sans secousses. Elle laissait couler ses larmes sur la veste de Gabriel. Son visage connaissait, maintenant, le contact aimable et familier du vêtement. Elle savait le dur relief de la boutonnière. Elle connaissait l'odeur du tabac blond qui imprégnait le tissu.

« Si on rentrait ensemble, dit-elle.

– Où ? Je n'ai pas d'argent.

– J'en ai un peu. On pourrait prendre une chambre à Menton. Près du port, il y a un hôtel bien.

– Non. Je reviendrai te chercher.

– Où ? A Thionville ?

– A Thionville. J'attends un héritage. Quand je t'emmènerai en Italie, c'est moi qui paierai. Je t'offrirai le plus beau des soleils, le plus chaud des soleils... Je t'achèterai un soleil à toi... Je t'aimerai...

– Tu peux aimer encore ?

– Peut-être... »

« Les taxis sont arrivés », dit quelqu'un.

La musique s'arrêta. Ils restèrent encore ensemble, immobiles, sur la piste de danse.

Liliane attendait dehors.

Gabriel sortit aussi, tenant Miami-Beach

par la main. Liliane vint auprès de lui et lui caressa un instant le visage.

« Ton menton est tout bleu.

– Madame... dit Miami-Beach.

– Chut... dit Liliane. Tu m'accompagnes jusqu'au taxi ? dit-elle à Gabriel.

– Jusqu'à notre taxi.

– Non, jusqu'à mon taxi. Viens. »

Les deux chauffeurs attendaient en fumant. Ils bavardaient.

« J'ai réglé l'addition, dit Liliane. Ne t'inquiète pas... Et, tiens, pour toi. »

Avant qu'il ait pu protester, elle avait glissé une liasse de billets dans la poche de veste de Gabriel. Elle avait l'habitude du geste.

« Tu ne rentreras pas à l'hôtel avec moi.

– Mais... s'exclama Gabriel.

– Ecoute-moi, je t'en supplie... Ne discute pas, Gabriel. Moi, je ferai ta valise. Je t'aime... Donc, je ne te reverrai plus jamais. Sauf sur l'écran, parce que je t'aiderai, à partir d'aujourd'hui, de toute ma force, Gabriel. Je sais rompre... Mais je sais bâtir aussi... Je sais aider...

– Il faut que je rentre à l'hôtel, dit-il, désespéré. Je dois faire moi-même ma valise; j'ai l'habitude de mes affaires. »

Brutalement soudain, il s'exclama :

« Je ne veux pas que tu touches à mes affaires. »

Elle allait trouver le revolver...

« Non, dit-elle en souriant. Non, tu ne rentreras pas avec moi à l'hôtel. Et je connais suffisamment tes affaires pour faire ta valise.

– Liliane... »

Elle était déjà dans son taxi.

« J'ai ton billet d'avion. N'oublie pas que tu dois être à 11 h 10 à l'aérodrome de Nice. En arrivant à Paris, tu prendras une chambre dans un hôtel. Par l'intermédiaire d'un ami que je trouverai, je te donnerai de l'argent. Je n'ai personne; je peux le faire. Mais je ne te verrai jamais plus seul. »

Elle voulait partir maintenant.

« Liliane, lança-t-il, désespéré. Je voulais te tuer... »

Elle eut soudain les yeux mouillés de larmes.

« Pardonne-moi. Combien de fois ai-je pu te dire et te redire cette bêtise... cette bêtise monstrueuse... J'aimerais tellement quc tu gardes un bon souvenir de moi, que tu oublies nos discussions. J'aimerais que tu gardes l'impression d'avoir eu un bel amour malgré notre différence d'âge. Alors, pardonne-moi cette bêtise...

– Mais... dit-il.

– Encore un mot, fit Liliane. Tu pourras choisir ce que tu veux dans la maison, n'importe quoi... Tu choisiras pendant mon absence... Ce que tu veux... Mais je ne puis pas te donner le coffret hongrois. Toi et le coffret, ça ne va pas ensemble. Le coffret représente un autre monde, une autre génération. C'était une grave erreur de ma part. J'ai trop de rêves enfermés dans ce coffret. Alors, nous sommes bien d'accord ? A tout à l'heure, à l'aérodrome. Partez, maintenant », dit-elle, désespérée, au chauffeur de taxi.

Le taxi venait de démarrer lentement – le chauffeur était un habitué des adieux – quand Liliane se pencha par la vitre baissée :

« Dis ? Tu sais comme je suis curieuse : comment s'appelle-t-elle ?

– Qui ? dit-il, affolé. Qui ?

– La fille. »

Il avait envie de hurler.

« Miami-Beach », dit-il, d'une voix calme.

Et il ne se sentait plus vivant.

« Composition réalisée en ordinateur par IOTA »

IMPRIMÉ EN FRANCE PAR BRODARD ET TAUPIN
7, bd Romain-Rolland - Montrouge - Usine de La Flèche.
LIBRAIRIE GÉNÉRALE FRANÇAISE - 79, bd Saint-Germain - Paris.
ISBN : 2 - 253 - 02892 - 4

30/5616/5